Mystische Pfade
Schwarzwald

Der Aufstieg zur Ruine Wieladingen erfordert Trittsicherheit.

Annette und Lars Freudenthal

Mystische Pfade
SCHWARZWALD

38 Wanderungen auf den Spuren
von Mythen und Sagen

BRUCKMANN

Die Weinberge bei Bermersbach machen Durst auf edle Tropfen. TOUR 22

Inhalt

Vorwort   **11**

Einleitung   **12**

Habsburger Grenzstein nahe dem Eichener See. TOUR 1

DIE TOUREN

Süd- und Hochschwarzwald   **18**

1   Eichener See   ●   2.45 Std.   20
   Wasserspiele im Dinkelberg

2   Heidenwuhr in Rickenbach   ●   4.30–5 Std.   24
   Historische Bewässerung im Hotzenwald

3   Ruine Wieladingen   ●   2.30 Std.   28
   Idyllische Wasserfälle, altes Mauerwerk

4   Höllbach und Gugelturm   ● 6–6.30 Std.   30
Naturgewalten und Aussichten bei Görwihl

5   Todtmoos   ● 4 Std.   34
Winterliche Runde auf dem Lebküchlerweg

6   Felsenweg Höchenschwand   ● 2.30–3 Std.   36
Über den Eselfuß zum Wasserfelsen

7   Roggenbacher Schlösser   ● 3–3.30 Std.   38
Altehrwürdige Mauern im Steinatal

8   Engeschlucht   ● 3–3.30 Std.   40
Das Juwel abseits der Wutachschlucht

9   Wutachflühen   ● 2.30–3 Std.   42
Märzenbecherblüte im Tal der Wutach

Beim Hofgut Sternen wohnt der Kuckuck in einem eigenen Haus. TOUR 13

10 Münstertal   ●   3.30 Std.   44

Kloster St. Trudpert und Teufelsgrund

11 Silberberg   ●   4–4.30 Std.   48

Schatzkammer beim Herzogenhorn

12 Mathisleweiher   ●   3.45–4 Std.   50

Idylle zwischen Feldberg und Titisee

13 Ravennaschlucht   ●   3 Std.   52

Durch die Ravenna zum Piketfelsen

14 Heiligenbrunnen   ●   4.30–5 Std.   54

Wälder und Aussichten bei Breitnau

Bei Nordrach haben die Kelten ihre Spuren hinterlassen. TOUR 23

Mittlerer Schwarzwald 58

15 Ibental ● 3.30–4 Std. 60
Zur Wallfahrtskirche Maria
Lindenberg

16 Balzer Herrgott ● 4.30–5 Std. 64
Über die mystische Buche zum
Mörderloch

17 Blindensee ● 2.30 Std. 68
Einfach nur traumhaft

18 Huberfelsen und Karlstein ● 5–5.30 Std. 72
Stippvisite bei Vogt und Herzog

19 Felsenweg Hornberg ● 5–5.30 Std. 76
Einsame Quellen und berühmte Steine

20 Haslach im Kinzigtal ● 3.30–4 Std. 80
Auf den Erzählspuren Heinrich
Hansjakobs

21 Hohengeroldseck ● 3.30–4 Std. 84
Ritterlicher Höhepunkt über Biberach

22 Bermersbach ● 2.30–3 Std. 88
Über Weinberge und Kräuterbüschel

23 Nordrach ● 4.30–5 Std. 90
Katzenstein versus Heidenstein

24 St. Roman ● 4.30–5 Std. 94
Wallfahrtskirche schlägt Teufelstein

25 Schenkenzell ● 4–5 Std. 98
Vergangenes Kloster, vergebener
Schatz

26 Glaswaldsee ● 3.30–4 Std. 102
Eine Runde wie aus einem Märchen

Am Silberberg öffnet
sich die Sicht über das
Wiesental zum Feldberg,
dem »Höchsten« im
Schwarzwald. TOUR 11

Nordschwarzwald   **106**

27 Großvatertanne   ●   2–2.30 Std. 108
Sehenswertes am laufenden Band

28 Allerheiligen-Wasserfälle   ●   1.30–2 Std. 112
Sagenhafter Aufstieg zur Klosterkirche

29 Karlsruher Grat   ●   4–4.30 Std. 116
Edelfrauengrab und Kletterpartie

30 Wildsee   ●   3.30 Std. 120
Tückisches Gewässer beim Ruhestein

31 Sasbachwalden   ●   2–2.30 Std. 124
Über die Gaishöllwasserfälle in die Reben

32 Hornisgrinde und Mummelsee   ●   1.30 Std. 126
Von Mümmlein und Naturgewalten

33 Priorstein   ●   5.30 Std. 128
Verfluchter Stein, sagenhafter Ausblick

34 Schönmünzach-Schwarzenberg   ●   5–5.30 Std. 132
Ruhige Runde zum Schurmsee und Blindsee

35 Herrenwieser See und mehr   ●   2.45–3.15 Std. 136
Winterliche Tour auf die Badener Höhe

36 Bad Teinach-Zavelstein   ●   3–3.40 Std. 140
Wildkrokusblüte im Schwarzwald

37 Ebersteinburg-Rundweg   ●   3.30–4 Std. 144
Wolfsschlucht, Battert und Engelskanzel

38 Die Teufelsmühle   ●   5–5.30 Std. 148
Schweißtreibende Runde ab Bad Herrenalb

Bruckmanns Tourenfinder   152
PS: 154
Register   157
Impressum   160

Am Ende des Sommers leuchten Herbstzeitlose auf den Weiden des Steinatals. TOUR 7

Um den Wildsee rankt sich
so manche Legende.
TOUR 30

Vorwort

Es ist schon ein paar Jahre her, dass wir dachten, wir hätten alle interessanten Ecken im Schwarzwald gesehen. Wie oft waren wir auf Feldberg, Belchen und Co? Wir haben es genauso wenig gezählt wie unsere Spaziergänge und Ausflüge am Titisee und Schluchsee. Sie merken schon, alles sehr oberflächliche Ziele, die jeder kennt. Und doch sind wir schon früher immer wieder auf Orte und Geschichten gestoßen, die eine Erwähnung wert sind. Heiligenbilder und Wegkreuze, Teufelserscheinungen und Hexen, Schicksale von Menschen und Märchen – all dieses ist im Schwarzwald reich gesät.

So lag die Aufgabe bei diesem Wanderführer auch weniger darin, genügend sagenhafte Orte zu finden. Eher beschäftigte uns die Frage: Welche Geschichte, welche Begebenheit, welch trauriges Liebesschicksal lassen wir außen vor? Als Lösung haben wir auf einige Ecken verzichtet, die auch ohne dieses Buch gefunden werden. Stattdessen begleiten wir Sie an Orte, die oft abseits der ausgetretenen Wanderwege liegen. Darunter finden sich auch einige schöne Plätze, die wir zu Beginn unserer Recherchen selbst nicht kannten.

Allen voran sind dies die sagenumwobenen und idyllisch gelegenen Karseen im Nordschwarzwald und die tief in die Berge eingeschnittenen Schluchten im Süd- und Hochschwarzwald. Ist es beim Glaswaldsee, dem Ruhestein-Wildsee oder dem Blindensee bei Schönwald das unergründliche Wasser, das die Fantasie der Menschen anregt, so ist es in der Ravennaschlucht, Gauchachschlucht oder der Gaishölle bei Sasbachwalden der Zauber der Natur selbst, der einen immer wieder aufs Neue begeistert.

Daneben sind es die Geschichten, welche seit Jahrhunderten von einer Generation an die nächste weitergegeben werden, die uns während der Wanderungen immer wieder begleiten. Dass viele heute noch bekannt sind, haben wir dem Volksschriftsteller Heinrich Hansjakob zu verdanken, auf dessen literarischen Spuren wir Teile des Mittleren Schwarzwalds erkunden. Einem Jugendstreich gleich kommt hingegen die Geschichte um den Balzer Herrgott. Der in eine Buche eingewachsene Torso einer Christusfigur ist einer der mystischsten Orte im Schwarzwald überhaupt. Zuletzt führen wir Sie auch zu mehreren Seen und durch Täler, über die es vielleicht nichts Großartiges zu berichten gibt – die aber so idyllisch sind, dass man sie unbedingt einmal gesehen haben sollte.

Viel Freude am Wandern wünschen
Annette und Lars Freudenthal

Einleitung

Der Schwarzwald zählt zu den Landschaften in Deutschland, die relativ spät besiedelt wurden. Die ältesten bäuerlichen Strukturen lassen sich zwar seit 4000 vor Christus nachweisen und auch die Kelten haben spätestens ab dem 6. Jahrhundert vor Christus ihre Spuren hinterlassen. Insgesamt aber sind die Daten sehr lückenhaft. Eine dauerhafte Besiedelung erfolgte damit erst ab dem frühen Mittelalter von den Rändern des Schwarzwalds her. Maßgeblich daran beteiligt waren die Klöster, die mit der Schaffung und Verwaltung neuer Siedlungsflächen ihren eigenen Einflussbereich stetig vergrößerten. So ist es auch kein Wunder, dass die Menschen im Schwarzwald seit Beginn an sehr gottesfürchtig waren. Zahlreiche Bildstöcke, Kreuze und Kapellen zeugen davon.

Zugleich waren es die einst unerschöpflich wirkenden Schätze, welche die Menschen in das größte deutsche Mittelgebirge lockten. Der Traum vom Reichtum ist die Grundlage einiger Sagen, die alle gemeinsam haben, dass der scheinbar Glückliche am Ende wie der Gelackmeierte mit fast leeren Händen dasteht. Der schweren Arbeit im Wald, auf dem Land und im Bergbau ist es wohl zu verdanken, dass sich die einfache Bevölkerung nach übernatürlicher Hilfe sehnte. So kennt der Volksmund mehrere Geschichten, in denen Seemännlein und Nixen den Menschen in ihrer Nähe Gutes tun. Leider enden auch diese Erzählungen tragisch, sodass man

Mehrere Grenzsteine trennten früher den Einflussbereich der Württemberger von dem der Badener.

12

doch wieder auf sich selbst angewiesen ist. So ist es nur gerecht, dass auch wir als Wanderer den Schwarzwald und seine mystischen, idyllischen oder auch einfach nur traumhaft schönen Gegenden aus eigener Kraft erkunden müssen. Immerhin: Um die Rückkehr zum Ausgangspunkt brauchen wir uns keine Gedanken zu machen. Denn alle 38 Touren haben wir so gelegt, dass wir am Ende wieder dort ankommen, wo wir die Wanderung begonnen haben.

Gut gerüstet besser ans Ziel

Als Mittelgebirge mit seinem höchsten Punkt am Feldberg (1493 m) wird der Schwarzwald oft unterschätzt. Doch auch hier gilt: Feste Wander- oder Trekkingschuhe sind ein Muss für sicheres Wandern. Halbschuhe, Turnschuhe etc. bieten zu wenig Halt, wirken sich negativ auf die Fußgesundheit aus und sind oft der Auslöser von vermeidbaren Unfällen. Wanderstöcke hingegen begünstigen eine gesunde, aufrechte Körperhaltung und schonen die Gelenke. Ebenfalls von Vorteil ist bequeme Wanderkleidung aus Funktionsmaterial, das schnell trocknet und leicht ist. Auf Abstand sollten wir hingegen beim Rucksack gehen, und zwar auf Abstand zum Rücken. Dies ermöglichen spezielle Bauweisen, die das Gewicht optimal verteilen und eine bessere Luftzirkulation erlauben. Dadurch bleiben Wanderhemden auch an Sommertagen länger trocken, und man hat ein deutlich besseres Gefühl auf der Haut.

Verantwortung und Selbsteinschätzung

Alle in diesem Wanderführer beschriebenen Touren orientieren sich an dem Wegekonzept des Schwarzwaldvereins. Aufgelassene Wege und Trampelpfade kommen dem Titel zwar näher als die häufig asphaltierten Zufahrten zu den Aussiedlerhöfen

Bildstöcke und Wegkreuze kennzeichnen viele Regionen des Schwarzwalds und erleichtern die Orientierung.

Wanderer geh nicht
vorbei zieh den Hut
und sei bedacht,
dass jede Stunde
dein Leben kürzer
macht.

im Schwarzwald. Doch diese abseits der offiziellen Wanderwege gelegenen Pfade durchqueren oft wertvolle Rückzugsgebiete für das Wild, das wir als verantwortungsbewusste Wanderer schonen möchten.

Ein Ziel dieses Buchs ist, dass man am Ende der einzelnen Touren zufrieden auf die vergangenen Stunden und das Geleistete zurückblicken kann. Dies gelingt am besten, wenn man sich – und seine Mitstreiter – richtig einschätzt. Die längeren Touren sollten daher erst in Angriff genommen werden, wenn schon eine gewisse Grundkondition und Erfahrung im Gelände vorhanden sind. Hierzu zählt auch, das Wetter richtig einzuschätzen. Denn gerade an heißen Sommertagen bilden sich über den Hochlagen des Schwarzwalds gerne Gewitterwolken, die oft schon nachmittags mit Platzregen und Hagel sowie Blitz und Donner niedergehen. Ein Regenschutz sollte deshalb immer dabei sein. Ebenfalls hilfreich ist es, die Entwicklung von Regenwolken im Internet, etwa auf www.meteovista.de oder www.niederschlagsradar.de, zu beobachten. Im Zweifelsfall sollte man sich auch nicht davor scheuen, eine Tour abzubrechen bzw. nach dem Unwetter fortzusetzen.

Unsere Favoriten
....

Märzenbecherblüte im Tal der Wutach – Wutachflühen, Tour 9
Silberberg – die Schatzkammer beim Herzogenhorn, Tour 11
Wallfahrtskirche trifft Teufelstein bei St. Roman, Tour 24
Edelfrauengrab und Kletterpartie am Karlsruher Grat bei Ottenhöfen, Tour 29
Über den verfluchten Priorstein zum sagenhaften Ausblick auf den Huzenbacher See, Tour 33

Die Ravenna oberhalb der Ravennafälle

Wandern im Winter

Als dieser Wanderführer entstanden ist, gab es den Winter nur im Kalender. Größere Mengen Schnee lagen nur auf den Höhenlagen rund um den Feldberg, sonst aber war von der weißen Pracht kaum etwas zu sehen. Da wir davon ausgehen, dass es diese Situation in den nächsten Jahren immer öfter geben wird, haben wir mehrere Wanderungen im Dezember und Januar getestet. Als Ergebnis haben wir mit dem Ebersteinburg-Rundweg, dem Herrenwieser See und der Hornisgrinde ein tolles Ersatzprogramm für ausgefallenen Wintersport nach klassischer Art und Weise gefunden. Da es bei wenig Schnee auf den Wanderwegen deutlich ruhiger zugeht, gewinnen dann auch Ziele wie der Mummelsee ihren mystischen Charakter zurück, der im sommerlichen Trubel kaum noch zu spüren ist.

Auch mal Pause machen

Zu einer schönen Wanderung gehört natürlich auch eine Einkehr oder längere Rast. Unsere Wanderungen führen deshalb zu zahlreichen herrlich gelegenen Plätzen, von denen man Jahre später noch schwärmt. Zudem kommen die meisten der Touren an einer Wirtschaft oder gleich mehreren vorbei, sodass man sich mit Gleichgesinnten austauschen und nebenbei die »Mystischen Pfade im Schwarzwald« weiterempfehlen kann. Bevor Sie darauf verzichten, eigenen Proviant mitzunehmen, vergewissern Sie sich aber, dass die gewählte Wirtschaft oder Hütte geöffnet ist.

Anfahrt

Viele Wanderziele sind im Schwarzwald mit öffentlichen Verkehrsmitteln zu erreichen. Mit der KONUS-Gästekarte (**Ko**stenlose **Nu**tzung des ÖPNV im **S**chwarzwald) haben Sie freie Fahrt in allen neun Verkehrsverbünden der Ferienregion. Wer mit dem Auto anreist und ein Navi nutzt, kann die im Infokasten der einzelnen

Märzenbecherblüte in den Wutachflühen

So lässt es sich aushalten: Die Bank auf der Fahrenberger Höhe macht auch als Kunstwerk eine gute Figur.

Touren angegebenen Koordinaten eingeben. Diese führen ihn punktgenau zum Ausgangspunkt der Wanderung bzw. zur nächstgelegenen Parkmöglichkeit.

Gehzeiten und Höhenangaben

Die genannten Zeiten sind die reinen Gehzeiten. Weil es bei vielen der Touren einiges zu entdecken gibt, beinhalten diese auch die Zeiten, in denen man sich umsieht und die Landschaft auf sich wirken lässt. Pausen oder gar eine längere Einkehr sind darin jedoch nicht enthalten. Rechnen Sie auch bitte etwas Zeit für unvorhergesehene Änderungen ein, sodass Sie bei zusätzlichen Abstechern, bei kürzerem Verlaufen oder einem gesperrten Weg (z. B. wegen Holzfällarbeiten) noch rechtzeitig zurück am Ausgangspunkt sind. Unsere Höhenangaben beinhalten die tatsächlich zu leistenden Höhenmeter. Lediglich kleine Kuppen und Senken mit nur geringem Höhenunterschied haben wir ausgelassen. So stehen Sie nicht plötzlich vor einem großen Zwischenanstieg, der nirgends erwähnt wird. GPS-Daten zu den hier beschriebenen Touren finden Sie auf www.suedschwarzwald.biz und auf http://gps.bruckmann.de

Internetadressen

www.schwarzwald-nationalpark.de
Infos und Wissenswertes rund um den Nationalpark im Nordschwarzwald
www.naturparkschwarzwald.de
Informationsportal des Naturparks Schwarzwald Mitte/Nord
www.naturpark-suedschwarzwald.de
Umfassende Informationen zu den Aufgaben und Besonderheiten des seit 2014 größten Naturparks in Deutschland
www.schwarzwaldverein.de
Gemeinsamer Auftritt der Ortsgruppen des Schwarzwaldvereins
www.schwarzwald-tourismus.info
Marketingorganisation und Dachverband für die Ferienregion Schwarzwald und alles Wichtige zur KONUS-Gästekarte auf einen Blick
www.suedschwarzwald.biz
Unser Wanderportal

Schwierigkeitsgrade

● Leicht: Eher kurze Runden, die keine oder kaum Trittsicherheit erfordern und nur wenige Steigungen beinhalten.

● Mittel: Touren mit längeren Auf- und Abstiegen und/oder längere Runden, die eine gewisse Kondition und Trittsicherheit erfordern.

● Schwer: Diese Runden setzen Kondition und Trittsicherheit, zum Teil auch Schwindelfreiheit voraus. Hier geht es ganz gut bergauf und bergab. Doch auch diese Touren stellen geübte Wanderer vor keine allzu großen Schwierigkeiten.

Süd- und Hoch-
schwarzwald

Das Herzogenhorn bietet traumhafte Aussichten über den Hochschwarzwald (gr. B.). In der Ravennaschlucht wandeln Wanderer wie in einem Bilderbuch (u. l.). Die Wege in der Gauchachschlucht sind nicht immer ganz einfach (o. r.). Die Kapelle bei Heiligenbrunnen geht auf ein Wunder zurück (u. r.).

1 Eichener See

Wasserspiele im Dinkelberg

Leicht | 11 km | 230 Hm | 2.45 Std.

Tourencharakter
Sehr leichte Wanderung auf meist einfachen Wegen und Pfaden, ab Wehr erst stark, dann gemächlich ansteigend.

Ausgangs-/Endpunkt
Parkplatz bei der Erdmannshöhle in der Gemeinde Hasel, 400 m

Höchster Punkt
Im Seehölzle oberhalb des Eichener Sees, 498 m

Anfahrt
gps 47.64920, 7.89600
Über die B 518 Schopfheim – Wehr bei Hasel auf die K 6338 abfahren und den Schildern durch den Ort Hasel zur Erdmannshöhle folgen.

Anfahrt mit Bus & Bahn
Es bestehen einige Busverbindungen ab dem Bahnhof in Bad Säckingen und dem Busbahnhof in Schopfheim zur Haltestelle Hasel/Dorfplatz.

Gehzeiten
Erdmannshöhle – Flienkener Hütte 1 Std., Flienkener Hütte – Eichener See 0.30 Std., Rückweg zur Erdmannshöhle 1.15 Std.

Einkehr
Gasthäuser und Restaurants in Hasel, auf der Strecke keine

Karte
Karte des Schwarzwaldvereins 1:25 000, W265 Lörrach

Beste Jahreszeit
Ganzjahrestour, die auch im Winter gut zu machen ist.

Informationen
Südwärts Touristinformation, Tel. 07662/39 61 45 oder 07625/92 40 92
www.suedwaerts.com

Die erste mystische Tour durch den Schwarzwald führt über den Dinkelberg. Naturräumlich gesehen bildet der Berg eine eigene Einheit, die durch den kalkreichen und verkarsteten Untergrund einige geologische Besonderheiten aufweist. So ist der Eichener See der bekannteste der nur selten mit Wasser gefüllten Karstseen.

Erdmännlein und Erdweiblein Ausgangspunkt dieser Wanderung ist der Parkplatz der bekannten ❶ Tropfsteinhöhle in Hasel. Zu jeder vollen Stunde werden hier Führungen durch das Reich der Erdmännlein und Erdweiblein angeboten, die in der Höhle gelebt haben sollen. Wir passieren den Eingang und folgen der gelben Raute entlang der Hasel in Richtung Wehr-Flienken. Mit etwas Glück können wir im Bach Wasseramseln bei der Nahrungssuche beobachten. Ansonsten lässt die erste Besonderheit am Wegrand nicht lange auf sich warten: mehrere Quellen an der Böschung, die im Gegensatz zu den meisten anderen Quellen nur selten Wasser schütten.

Wenige Schritte weiter sprudelt dafür ein richtiger Bach aus dem Berg. Es ist der Höhlenbach der Erdmannshöhle. Vor Ort erfahren wir, dass der

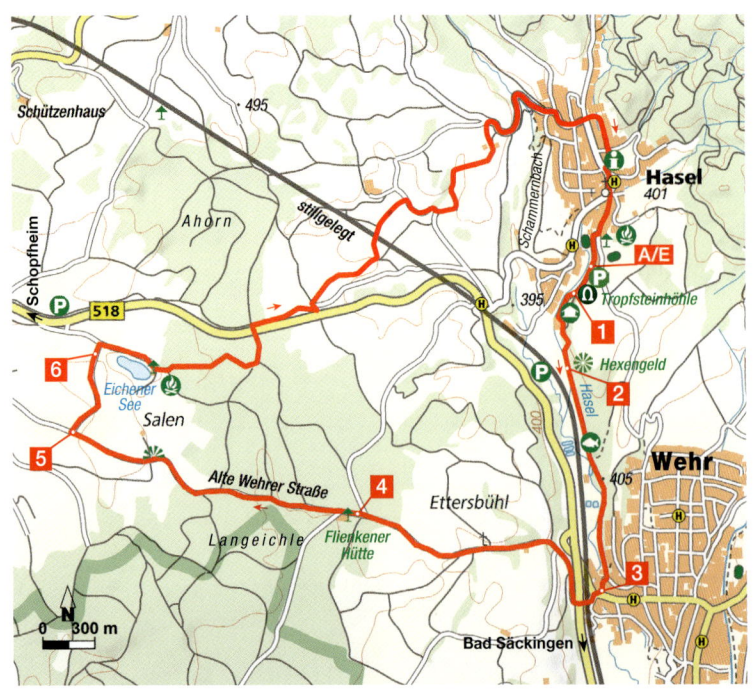

Bach eng mit den trockenen Quellen verbunden ist. Denn die Menge an Wasser, die er zutage führen kann, wird durch die Öffnung im Fels begrenzt. Bei Hochwasser steigt der Grundwasserspiegel, bis das Wasser an höher gelegene Klüfte heranreicht und über die dann stark sprudelnden Quellen an der Böschung abfließt.

Eingang in die Erdmannshöhle, die Tropfsteinhöhle von Hasel

Hexengeld und Wichtelpfennige Um die nächste Besonderheit zu entdecken, muss man schon genau hinschauen. Dann aber sieht man winzige runde Scheibchen auf den Kalksteinen. Früher hielten die Haseler die kreisrunden Gebilde für ❷ **Hexengeld** (oder Wichtelpfennige). Tatsächlich handelt es sich um Versteinerungen. Sie stammen von Seelilien, die am Grund des Muschelkalkmeeres lebten. Die Tiere nahmen Kalk auf, um damit ihr Skelett aufzubauen. Beim Absterben zerfielen die Stiele der Seelilien in ihre Einzelteile, die Trochiten. Am Dinkelberg hat die Masse an Seelilien ausgereicht, um eine Gesteinsschicht aus Trochitenkalk zu bilden.

In ❸ **Wehr-Flienken** angekommen, überqueren wir die L 155 und folgen der gelben Raute kurz Richtung Schwörstadt, dann zum Eichener See. Der Weg dorthin führt auf der alten Schopfheimer Straße in den Wald und über die ❹ **Flienkener Hütte** zum Wegweiser »Wehrer Boden«. Der See ist hier zu zwei Seiten ausgeschildert.

Wappenstein nahe dem Eichener See

Wir wählen die längere Variante über »Kessel« und, ab dort auf dem Westweg (rote Raute), ❺ **Salen** zum ❻ **Eichener See**.

Schicksale und geheimnisvolle Krebse Auch wenn der Eichener See nur selten offen zutage tritt, so ist er Schauplatz mehrerer tragischer Ereignisse. 1772, 1876 und 1940 ertranken insgesamt neun Menschen im See. Und Anfang des 19. Jahrhunderts war der Wasserspiegel des Sees so hoch, dass er das tiefer gelegene Dorf Eichen zu fluten drohte. Ab dieser Zeit wurde das sporadische Auftreten des Sees aufgezeichnet.

Wegkreuz zwischen Wehr-Flienken und der Flienkener Hütte

Gebildet wird der See durch eine flach ausgeprägte Doline. Wie bei den Quellen nahe dem Höhlenbach entscheidet auch hier unterirdisches Hochwasser darüber, ob sich die Doline mit Wasser füllt. Nach ergiebigen Regenfällen oder schnell einsetzender Schneeschmelze kann der Pegel bis zu 15 Zentimeter am Tag steigen. Der See kann drei Meter tief werden und damit eine Fläche von ca. 2,5 Hektar überschwemmen. Sobald der Hochwasserstand der unterirdischen Bäche zurückgeht, wird dem Eichener See der Stöpsel gezogen, bis er oberirdisch trockenfällt.

Fische kommen mit dem periodischen Auftreten des Wassers nicht zurecht, wohl aber der Kiemenfußkrebs (*Tanymastix lacunae*). Der etwa zwei Zentimeter große Krebs wurde 1911 von Schweizer Zoologen im See entdeckt. Es ist das einzige bekannte Vorkommen dieser Art in Deutschland. Charakteristisch für den Krebs ist, dass die Weibchen Dauereier legen. Diese ertragen nicht nur eine Austrocknung des Sees, sondern benötigen die Trockenperiode sogar, um sich weiterentwickeln zu können.

Von Erdmännlein und Kristallschlössern Laut einer Sage hüten unterhalb der hohen Möhr (bei Zell im Wiesental) Erdmännlein einen unterirdischen See. Um zu verhindern, dass dieser ausbricht, leiten sie überschüssiges Wasser in den Eichener See ab. Eine andere Legende prophezeit hingegen, dass der See eines Tages

überlaufen und Eichen fluten wird. Eine dritte Sage berichtet vom tragischen Schicksal einer Liebschaft. Demnach soll ein Bauer einen Bund mit den Seewichten geschlossen haben: Er versprach ihnen, dass seine Tochter in deren unterirdischem Kristallschloss leben solle, wenn sie seine Felder bewässerten. Der Versuch, ihrem Schicksal zu entkommen, endete mit dem Ertrinken des Mädchens und seines Geliebten.

Nach einer Runde durch die Haseler Höhle tritt der Höhlenbach am Fuße des Dinkelbergs wieder zutage.

Vom Eichener See folgen wir der roten Westwegraute bergauf. »Im Seehölzle« ist der höchste Punkt der Wanderung erreicht. Beim Wegweiser steht ein Habsburger Grenzstein, auf dem vier Wappen abgebildet sind. Gesetzt wurde der Grenzstein 1664 unter der Herrschaft von Kaiser Luitpold I. von Österreich. Das Wappen mit den Farben Gelb-Rot-Gelb steht für Baden, das grün-weiß-grüne für die Gemeinde Hasel und die zwei rot-weiß-roten Wappen für Österreich.

Auf dem Westweg sowie dem Hotzenwaldquerweg (schwarz-weiße Raute auf Gelb) wandern wir schließlich zurück nach Hasel-Oberdorf. Ab dort ist unser Ausgangspunkt, die Erdmannshöhle, wieder angeschrieben.

See im Untergrund

Unter dem Eichener See befindet sich eine Muschelkalk-Karstwanne. Der tiefste Punkt dieser wasserundurchlässigen Wanne befindet sich ca. 48 Meter unter der Erdoberfläche. Aufgrund der geologischen Verhältnisse mit etlichen Hohlräumen im Kalkgestein des Dinkelbergs und dem Grundwasserstau kann sich die Wanne relativ schnell füllen. Aufschluss über den Wasserstand gibt ein in den 1950er-Jahren installiertes Pegelrohr. Der Wasserstand wird dabei mithilfe einer Kabellichtsonde gemessen, welche bei Kontakt mit Wasser aufleuchtet. Bei einem Pegelstand von 39 bis 40 Metern ist die Doline so weit gefüllt, dass das erste Wasser zwischen den Grashalmen herausprudelt und den oberirdischen Teil des Sees füllt.

2 Heidenwuhr in Rickenbach

Historische Bewässerung im Hotzenwald

Mittel 16,5 km 290 Hm 4.30–5 Std.

Tourencharakter
Mittelschwere Runde mit vielen kleinen Auf- und Abstiegen; die Wege am Heidenwuhr können auch mal zuwachsen.

Ausgangs-/Endpunkt
Parkplatz Solfelsenweg an der L 155, 796 m

Höchster Punkt
Klingenweg zwischen Hütten und Klinge, 498 m

Anfahrt
gps 47.60720, 7.94800
Von der B 518 Schopfheim – Wehr in Wehr nach Rickenbach auf die L 155 abfahren; der Parkplatz befindet sich direkt an der Landstraße oberhalb Bergalingen.

Anfahrt mit Bus & Bahn
Es bestehen Busverbindungen ab Wehr, Bad Säckingen, Schopfheim und Rickenbach zur Haltestelle Rickenbach/Abzweig Jungholz. Von der Haltestelle sind es ca. 250 m zum Ausgangspunkt.

Gehzeiten
Parkplatz Solfelsen – Hütten 2.30 Std., Hütten – Wallmauer 0.45–1 Std., Wallmauer – Parkplatz Solfelsen 1.15–1.30 Std., gesamt 4.30–5 Std.

Einkehr
Auf der Strecke keine Möglichkeit, oberhalb von Hütten gibt es eine Fliegerklause.

Karte
Karte des Schwarzwaldvereins 1:25 000, W265 Lörrach

Beste Jahreszeit
Außer bei Schnee das ganze Jahr möglich

Informationen
Hotzenwald Tourismus GmbH, Tel. 07764/92 00 40
www.hotzenwald-schwarzwald.de

Die landwirtschaftliche Nutzung der Felder ist im Hotzenwald seit jeher mit großen Herausforderungen verknüpft. Während die sonnenverwöhnten Hanglagen oft zu steil für den Ackerbau sind, hält sich der Schnee auf den Hochflächen bis weit in den Frühling. Mithilfe der Wühre gelang es den Bauern, die Vegetationszeit zu verlängern.

Historische Ingenieurskunst Das Verfahren ist einfach: Über einen Kanal, hier Wuhr genannt, bewässerten die Menschen im zeitigen Frühjahr die Wiesen und Felder, sodass der Schnee schneller abtaute. Zugleich konnten die Wühre für die Forellenzucht, zum Antrieb von Mühlen, Sägen und Blasebälgen oder als Löschwasserkanal genutzt werden. Einzig die Anlage der Wühre war mit einem großen technischen Aufwand verbunden. Denn oft wurde das Wasser mehrere Kilometer von der Einleitungsstelle entfernt benötigt, was eine exakte Berechnung des Gefälles und ein möglichst wasserdichtes Bachbett erforderte.
Die Wanderung zum Heidenwuhr beginnt beim Parkplatz Solfelsenweg. Von dort folgen wir der Beschilderung zum ❶ Solfelsen. Der 5,40 Meter hohe und rund 230 Tonnen schwere Felsen ähnelt einem eiszeitlichen

Solfelsen bei Rickenbach

24

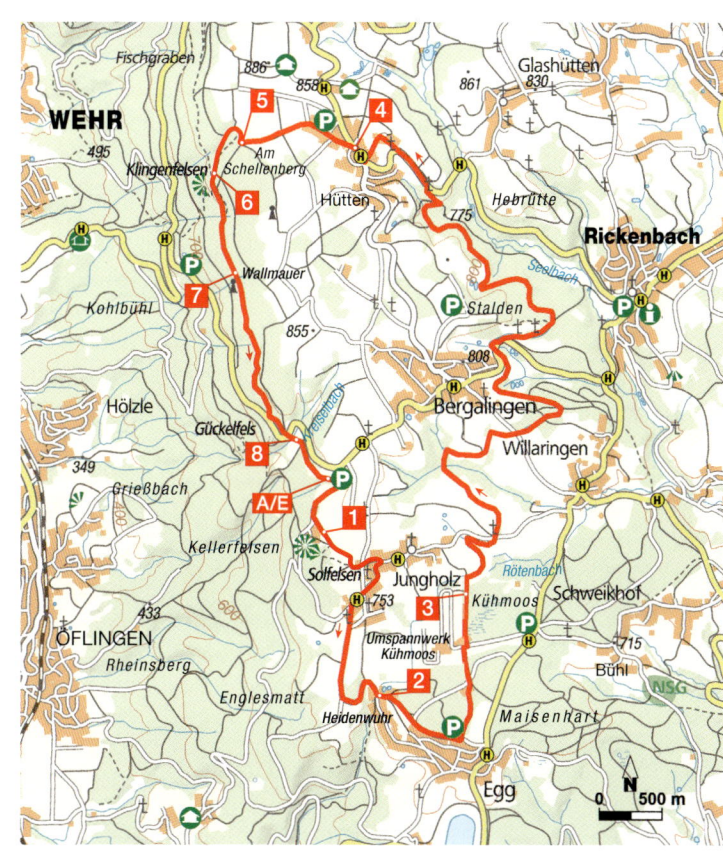

Beim Klingenfelsen öffnet sich die Sicht hinunter ins Rheintal.

Findling, ist aber das Produkt lang andauernder Verwitterungsprozesse. Direkt am Solfelsen führt auch der Hochrhein-Höhenweg (weiß-blaue Raute auf Gelb) vorbei. Auf diesem wandern wir über Jungholz und Eglesmatt zur Egger Säge. Sie befindet sich am Übergang vom ❷ Heidenwuhr zum Schöpfebach. Weil der Zugang ans Wuhr zugewachsen ist, bleiben wir bis zum Wanderparkplatz Egg auf dem Hochrhein-Höhenweg. Dort biegen wir links ab und folgen der gelben Raute zum Umspannwerk. Während der Wanderweg rechts abbiegt, kreuzen wir die Zufahrtsstraße, sodass wir rechts vom Werk geradeaus weiterlaufen. 450 Meter weiter ist der ❸ Zugang ans Heidenwuhr erreicht.

Historischer Irrtum Woher der Name Heidenwuhr stammt, ist nicht endgültig geklärt. 1866

vertrat Johann Vetter die These, dass es sich beim Heidenwuhr nur um eine Wasserleitung handeln kann, die in römischer bzw. vorchristlicher Zeit gebaut wurde. Er begründete dies damit, dass solch ein Bauwerk nur möglich gewesen sei, wenn sich das gesamte Gebiet unter einer Herrschaft befand. Jüngere Forschungen datieren die insgesamt drei Hotzenwälder Wühre aber auf das 11. und 12. Jahrhundert. Nach ihrer Ansicht könnten sie zur Versorgung der erstmals 1207 urkundlich erwähnten Eisenhüttenwerke in Laufenburg gedient haben. Die ältesten erhaltenen Wuhrbriefe stammen aus dem 15. Jahrhundert.

Auch ohne Markierung ist der Weg nun einfach zu finden: immer dem Heidenwuhr entgegen. Wobei … etwas Pfadfindergeist braucht es doch, da die Trampelpfade im Sommer gerne zuwuchern. Mit Umsicht, einem Sprung über den schmalen Lauf (im Bereich einer Pferdekoppel) und kleineren Umwegen aber kann man dem Wasserlauf gut folgen, erst durch Wiesen, im weiteren Verlauf auch durch Wald. Der ständige Wechsel eröffnet einem immer wieder neue Einblicke in die vielfältige Natur des Hotzenwalds. Sind es auf dem einen Abschnitt sattgrüne Wiesen, sind es auf dem nächsten dunkle Fichten- und Buchenwälder. Zugleich lohnt sich der Blick ins Wasser, in dem Fische, Amphibien und Krebse leben.

Wuhre

Als Wuhr oder Wühre wird im Hotzenwald ein künstlicher Wasserlauf bezeichnet. Der Begriff geht auf das Mittelhochdeutsche zurück und bedeutet in etwa »ein Damm zur Ableitung von Wasser«. Je nach Funktion sind die Wühre bis zu 1,40 Meter breit und 0,50 Meter tief. Kleinere oder Nebenwuhre haben nur eine Breite von 30 Zentimetern. Typisch für die Kanäle ist ihr kilometerlanger Verlauf am Hang und sogar über Wasserscheiden in Nachbartälern hinweg. Die drei bedeutendsten Wühre im Hotzenwald sind das Hochsaler Wuhr, das Hännemer Wuhr und das auf dieser Wanderung vorgestellte Heidenwuhr. Es wird vom Schneckenbach gespeist und ist bis zum Übergang in den Schöpfebach bei der Egger Säge zehn Kilometer lang.

Historische Herren   Unterhalb von Hütten – dort ist das obere Ende des Heidenwuhrs – schwenkt der inzwischen gut begehbare Weg nach rechts, hoch zu einer Forststraße. Hier treffen wir wieder auf einen offiziellen Nebenwanderweg, dem wir nach links zur K 6538 folgen. Leider verläuft der Wanderweg bis zur nächsten Linkskurve auf der Kreisstraße. Nach gut 300 Metern können wir sie aber schon wieder verlassen und auf dem Eggweg zur Dorfmitte von ❹ **Hütten** spazieren. Weiter geht es auf dem Klingenweg an den Waldrand zum Wegweiser ❺ **Am Schellenberg** und ab dort durch den Wald zum ❻ **Klingenfelsen**. Der Name des Felsens erinnert an die Freiherren von Klingen, ein einflussreiches Adelsgeschlecht am Hochrhein und in der Nordschweiz. Der bekannteste unter ihnen war Walther von Klingen (1240–1286 bezeugt), ein Freund von Rudolf von Habsburg. Auf den bekannten Ritter und Minnesänger gehen das Kloster Klingental und der Ort Todtmoos zurück. Direkt beim Felsen gibt der Wald die Sicht auf die Hochrheinebene frei.

Historische Verteidigung   Vom Klingenfelsen geht es auf dem schmalen Pirschweg durch den Wald zur ❼ **Wallmauer**. Das heißt zu den Resten derselben. Tatsächlich sind von der einst stolzen Befestigungsanlage nur noch spärliche, mit Moos überwachsene Reste vorhanden. Das »Vorderer Landhag« und »Hauensteiner Landletze« genannte Bauwerk sollte das Hauensteiner Land vor feindlichen Einfällen schützen, so während der Basler Kriege (1445–1449) und während der Spanischen Erbfolgekriege (1701–1714).
1794 wurde die Verteidigungsanlage auf- und die Wallmauer dem Verfall preisgegeben. Von einem ansatzweise zu erkennenden Rest der Wallmauer sind es noch 1,6 Kilometer durch den Wald und über die L 155 bis zum Wegweiser ❽ **Kreiselbach**. Auf den letzten Metern folgen wir schließlich der gelben Raute über den Solfelsenweg zurück zum Ausgangspunkt, wo diese nicht immer ganz einfache, dafür aber geschichtsträchtige Wanderung endet.

Wenige Reste zeugen heute noch von der Hauensteiner Landletze.

Ruine Wieladingen

Idyllische Wasserfälle, altes Mauerwerk

Mittel   8 km   250 Hm   2.30 Std.

Tourencharakter
Bis auf den Aufstieg zur Burg Wieladingen leichte Wanderung auf Forstwegen und Forststraßen.

Ausgangs-/Endpunkt
Wickartsmühle, 665 m

Höchster Punkt
Anhöhe zwischen Wieladingen und der Wickartsmühle, 715 m

Anfahrt
gps 47.60450, 7.98520
Von der B 518 in Wehr nach Rickenbach auf die L 155 abfahren; bei der Einmündung in die L 152 rechts ab und den Schildern zur Wickartsmühle folgen.
Von Süden von der B 34 Bad Säckingen – Waldshut-Tiengen in Murg nach Rickenbach abzweigen, zwischen Schweikhof und Willaringen rechts ab zur Wickartsmühle.

Anfahrt mit Bus & Bahn
Es bestehen Busverbindungen zur Haltestelle Abzweigung Wickartsmühle, Rickenbach. Von der Haltestelle sind es ca. 500 m zum Ausgangspunkt.

Gehzeiten
Wickartsmühle – Wasserfall – Burg Wieladingen 1.15–1.30 Std., Burg Wieladingen – Wickartsmühle 1–1.15 Std.

Einkehr
Auf der Strecke keine; schöne Rastmöglichkeit auf der Burg

Karte
Karte des Schwarzwaldvereins 1:25 000, W265 Lörrach

Beste Jahreszeit
Außer bei Schnee oder Eisglätte das ganze Jahr möglich

Informationen
Hotzenwald Tourismus GmbH, Tel. 07764/92 00 40
www.hotzenwald-schwarzwald.de

Lange Zeit flößte der Hotzenwald den Menschen Furcht und Schrecken ein. Nicht ganz unschuldig daran war der Steinklopfer Eckart von Hänner. Einst hauste der bärtige Hüne wie ein Waldgeist im Murgtal und jagte jedem, der ihn zum ersten Mal sah, Angst und Schrecken ein. Heute noch ist er als »Moosteufel« bekannt.

Feuchtfröhlicher Auftakt Das erste Ziel dieser Runde, der Strahlbrusch, ist bereits am Ausgangspunkt bei der Wickartsmühle angeschrieben. Der Weg führt an einem Steinbruch vorbei. Hobbygeologen werden ihre Freude an der Abbaustelle haben. Mehr als 60 verschiedene Mineralien sind im Steinbruch Wickartsmühle zu finden. Ein paar ausgewählte, wie der bekannte Albtalgranit oder Lamporphyr, sind am Weg ausgestellt. Nach dem Studium der Infotafeln führt der Wanderweg in den Wald und entlang des Seelbachs ins Tal der Hauensteiner Murg.
Wo der Weg nach links und somit vom Seelbach wegschwenkt, bietet der Felsen rechts des Wegs freie Sicht auf den ❶ **Strahlbruschwasserfall**. Kurz vor seiner Mündung stürzt der Seelbach hier über eine zwölf Meter hohe Stufe aus Cordierit hinunter zur Murg. Die nächste Besonderheit der Wanderung folgt gleich nebenan: Harnische. An ihnen lassen sich Bewegungen innerhalb einer Gesteinsschicht erkennen. Bei dem mechanischen Abrieb entstehen an den Trennflächen der Verwerfung feinste Gesteinspartikel, die sich unter Hitzeeinwirkung zu einer schwarzen

Murgtalpfad zwischen dem Strahlbrusch und der Burgruine Wieladingen

Masse verfestigen können. Wenige Schritte weiter ist die Murg erreicht.

Auf dem Murgtalpfad Jenseits der Murg biegen wir rechts ab. Weiter geht es auf dem Murgtalpfad bis zur ❹ Murgtalbrücke zur Ruine. Auf dem Weg dorthin passieren wir beim ❷ Alten Stausee das im Jahr 2011 abgerissene Stauwehr des ebenfalls nicht mehr vorhandenen Kraftwerks Berberich. Über die Bedeutung des Kraftwerks, die Gewässerökologie und die Renaturierung der Murg informieren mehrere große Tafeln. Nachdem wir einen Tunnel durchquert und einen kleineren ❸ Wasserfall passiert haben, wechseln wir bei der Murgtalbrücke ein zweites Mal die Seite der Murg.

Mit dem Aufstieg zur ❺ Ruine Wieladingen folgt der anstrengendste Teil dieser Wanderung. Die Mühe aber lohnt sich. So führt der Pfad an

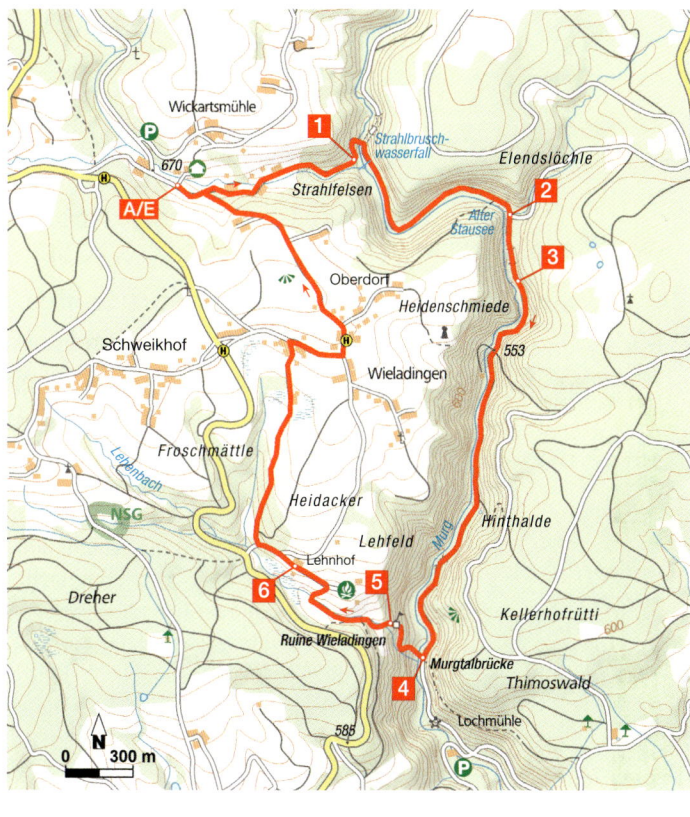

den malerischen Lehenbachwasserfällen vorbei zu den gut erhaltenen Mauern der Burg Wieladingen. Die Anlage wurde ab 1200 in mehreren Abschnitten als Sitz der Herren von Wieladingen und der Ministeriale des Klosters Säckingen errichtet. Heute sind die beiden Burghöfe der ideale Platz, um eine Rast einzulegen. Anschließend geht es vom oberen Ausgang der Burg über ❻ Lehnhof und Wieladingen zurück zum Ausgangspunkt bei der Wickartsmühle.

Zwölf Meter stürzt das Wasser über den Strahlbruschwasserfall hinab zur Murg.

Steinbrüche und Steineklopfer

. . . .

Im Murgtal kommen mehrere Gesteinsarten vor, die für den Haus- und Straßenbau geeignet sind. Sie wurden in den auffallenden großen Steinbrüchen und auch durch einzeln arbeitende Steineklopfer im Murgtal abgebaut. Wie der »Moosteufel« verarbeiteten sie unter einfach geflochtenen Schirmdächern Steine zu Fensterstürzen, Pflaster- und Gedenksteinen.

Höllbach und Gugelturm

Naturgewalten und Aussichten bei Görwihl

Mittel   20 km gut 600 Hm 6–6.30 Std.

Tourencharakter
Konditionell anspruchsvolle Runde, im Bereich der Höll-bach-Wasserfälle Trittsicherheit von Vorteil.

Ausgangs-/Endpunkt
Parkplatz am Kirchgrund in Görwihl, 670 m

Höchster Punkt
Gugelturm, 998 m

Anfahrt
gps 47.64110, 8.08160
Von der B 34 bei Albbruck auf die L 154 oder bei Hauenstein von der A 98 auf die L 151a Richtung Görwihl abfahren; in Görwihl von der Hauptstraße in Kirchgrund abbiegen. Noch vor dem Parkplatz Kirchgrund gibt es Parkmöglichkeiten an der Kirchmauer.

Anfahrt mit Bus & Bahn
Es bestehen Busverbindungen ab Bad Säckingen, Waldshut-Tiengen und St. Blasien zur Haltestelle Görwihl/Marktplatz.

Gehzeiten
Görwihl – Höllbach – Wasserfall 0.40 Std., Wasserfall – Gugelturm 2.40–3 Std., Gugelturm – Görwihl 2.40 Std.

Einkehr
Gugelstüble am Gugelturm, Karfreitag bis Ende Oktober Do., Sa. & So. ab 10 Uhr; Gastronomie in Engelschwand, Strittmatt und Görwihl

Karte
Karte des Schwarzwaldvereins 1:25 000, W265/266 Lörrach/Waldshut-Tiengen

Beste Jahreszeit
April bis Oktober

Informationen
Hotzenwald Tourismus GmbH, Tel. 07764/92 00 40

www.hotzenwald-schwarzwald.de

Die Landschaft im Hotzenwald lebt von dem Wechsel zwischen sonnenverwöhnten Hochebenen und tief eingeschnittenen Schluchten. Bei der Runde ab Görwihl lernen wir beides kennen. Nach dem erfrischenden Auftakt im Alb- und Höllbachtal erwartet uns auf dem Gugel eine tolle Fernsicht zu den Schweizer Alpen.

Stippvisite im Albtal Der Einstieg zu dieser Wanderung befindet sich direkt unterhalb (östlich) des Friedhofs von Görwihl. Von dort geht es auf dem Hotzenwaldquerweg (weiß-schwarze Raute auf Gelb) über eine asphaltierte Straße durch landwirtschaftliche Flächen in den Wald. Wo die Straße in einen Forstweg übergeht, zweigt rechts ein Pfad zum Albsteg ab. Diesem folgen wir bergab bis zum Wegweiser ❶ **Beim Albsteg**. Wer mag, kann die paar Schritte bis an den Albsteg hinunterlaufen und einen Blick aus sicherer Höhe auf die Alb werfen. Ansonsten verlassen wir sogleich den Hotzenwaldquerweg und folgen dem Nebenwanderweg über die malerische Mündung des Höllbachs in die Alb zum 600 Meter entfernten ❷ **Höllbachwasserfall**.
Wer bisher nur die Wasserfälle von Todtnau, Triberg oder Schaffhausen kannte, wird beim Anblick schmunzeln. Denn die Hauptkaskade des Wasserfalls ist gerade mal achteinhalb Meter hoch. Auch die Menge an

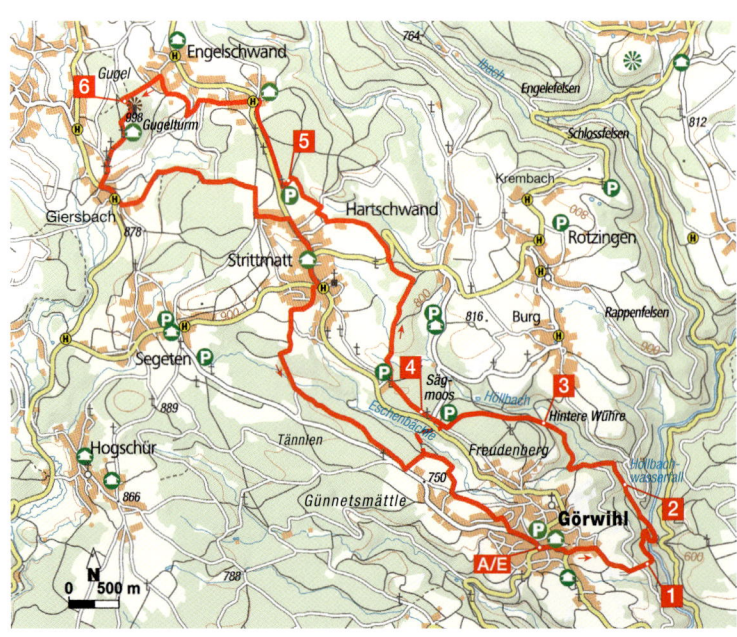

Wasser ist nicht wirklich berauschend. Was den Höllbachwasserfall auszeichnet, sind das viele Moos auf den Steinen, die dichte Vegetation und die versteckte Lage mitten im Wald. Nachdem der Wanderweg den Bach überquert hat, erfolgt der Aufstieg auf der linken Seite, bei der sich mehrere schöne Blicke auf den Wasserfall ergeben.

Der Höllbachwasserfall ist nicht groß, aber romantisch.

Immer wieder Görwihl Oberhalb des Wasserfalls folgen wir dem Wanderweg über »Hornstollen« nach Bertschwend. Wer sich nur mal kurz die Füße vertreten wollte, kann hier geradeaus weiter und somit nach Görwihl zurücklaufen. In diesem Fall schrumpft die Wanderung zu einem Spaziergang zusammen. Also biegen wir rechts ab, überqueren einen Zufluss des Höllbachs und folgen der gelben Raute Richtung Sägmoos zur ❸ **Hinteren Wühre**. Der ausgeschilderte Wanderweg bleibt hier auf dem breiten Forstweg und führt über »Untergrundholz« zum Wührenabgang. Schöner ist der Pfad entlang der Hinteren Wühre. Dieser zweigt beim Wegweiser halb rechts ab. Der zwei Kilometer lange Kanal wurde im späten Mittelalter angelegt. Früher diente er zur Wiesenbewässerung und zum Antrieb von Mühlen und Sägen sowie als Löschwasser. Sein zweiter Name, Forellenbach, erklärt sich von selbst. Bei beiden Varianten geht es vom »Wührenabgang« links nach ❹ **Sägmoos**. Bei dem Grill- und Wanderparkplatz stoßen wir wieder auf den Hotzenwaldquerweg. Man muss kein Hellseher sein, um zu wissen, dass die eine Richtung des Fernwanderwegs nach Görwihl zeigt. Also schlagen wir die andere Richtung ein und folgen dem Hotzenwaldquerweg zum Gugelturm.

Aus eins mach zwei
....

Diese Wanderung zählt mit 20 Kilometern zu den längeren Touren. Wem eher kurze Runden zusagen, kann diese aber gut in zwei – oder sogar drei – kurze Wanderungen unterteilen. Für die untere Runde mit dem Höllbach bietet es sich an, vom Wanderparkplatz Sägmoos Richtung Günnetsmättle zu laufen und bei Heiligsmoos nach Görwihl abzubiegen. Für die obere Runde mit dem Gugelturm kann man bei Sägmoos oder Strittmatt-Wenni starten. Der Rückweg erfolgt dann entweder über Strittmatt-Nord oder Heiligsmoos.

Über Engelschwand auf den Gugel Der Weg dorthin führt stetig bergauf, erst durch den Wald, dann auf einem Wiesenstreifen über den Rohrbach und schließlich in einem auf der Karte zittrigen Bogen um Strittmatt herum. Oberhalb des Ortsteils der Gemeinde Görwihl knickt der Weg schließlich bei Igelacker zur Durchgangsstraße und dem Wanderparkplatz ❺ **Strittmatt Wenni** ab. Leider ist das Wegenetz auf dem nächsten Stück lückenhaft, weshalb wir Richtung Engelschwand zweimal entlang der K 6532 laufen müssen. Bei Vorderengelschwand und »Winkel« zweigt der Hotzenwaldquerweg zweimal links ab, überquert den Giersbach und nimmt dann scharf rechts Kurs auf Engelschwand. Bei klarem Wetter bekommen wir auf diesem Abschnitt bereits einen guten Vorgeschmack auf die tolle Aussicht auf die Alpen.

Heimatmuseum Görwihl und Salpeterer

Das Heimatmuseum Görwihl dokumentiert die Geschichte, die historischen Arbeitsweisen und Besonderheiten des Hotzenwalds und seiner Bewohner. Hauptattraktion des Museums ist die Salpetersiederei. In ihr ist das Handwerk der Salpeterer dokumentiert, die früher auf den umliegenden Höfen den Salpeter von den Wänden der Dunglegen abkratzten. Dieser wurde zu Kali-Salpeter weiterverarbeitet, der für die Herstellung von Schießpulver benötigt wurde. Zu den weiteren Attraktionen im Heimatmuseum zählen eine alte Dorfschule, mehrere Webstühle und Trachten aus dem 18. Jahrhundert. Das Museum ist von Ostermontag bis Martini-Samstag sonn- und feiertags von 14 bis 16 Uhr geöffnet.

Aussichten, so weit das Auge reicht In Engelschwand angekommen, biegt der Querweg im rechten Winkel ab und führt uns über »Gugel« zum ❻ **Gugelturm**. Zugegeben, der Weg hierher ist nicht auf jedem Meter so beschaffen, wie wir es uns gewünscht hätten. Dafür aber stehen wir nun vor dem Wahrzeichen des Hotzenwalds. Der luftige Aussichtsturm ist der zweite, der auf dem Gugel (998 m) aufgestellt wurde. Der erste Gugelturm befand sich auf der Anhöhe oberhalb der 1881 errichteten und erhaltenen Kapelle. Er hatte eine Glockenform und wurde im Juli 1930 eingeweiht. 1969 entschieden der Schwarzwaldverein und seine Unterstützer, den in die Jahre gekommenen Holzturm nicht mehr zu renovieren.

Mit den Bauarbeiten zum zweiten, deutlich höheren Gugelturm wurde 1971 begonnen. Bei dem Bau halfen unter anderem Pioniere des britischen Militärs und der Bundeswehr mit. Während unten das Gugelstüble einfache Gerichte und Getränke anbietet, besticht die Aussichtsplattform des Gugelturms mit einer grandiosen Sicht zu den Glarner und Urner Alpen sowie zu den Gipfeln im Berner Oberland. Das Panorama erstreckt sich vom Säntis und den Churfirsten im Osten bis zum Montblanc im Westen. Eine Tafel hilft bei der Bestimmung der einzelnen Gipfel.

Nachdem wir uns sattgesehen haben, geht es über einen Wurzelpfad durch den Wald und weiter durch aussichtsreiche Wiesen bis nach Giersbach. Dort verlassen wir den Hotzenwaldquerweg und folgen nun der gelben Raute über »Mösle« (am Ortsausgang von Giersbach vor der Kapelle links halten), »Kohlensrütte« und »Algi« (geradeaus) nach Strittmatt. Ab dort können wir einfach der Beschilderung über das Günnetsmättle und Heiligsmoos zurück zum Ausgangspunkt in Görwihl folgen.

Pfad von Görwihl
hinunter an die Alb

5

Todtmoos

Winterliche Runde auf dem Lebküchlerweg

Mittel   13 km   ca. 470 Hm   4 Std.

Tourencharakter
Auf der ersten Hälfte waldreiche, dann aussichtsreiche Tour auf Pfaden und Waldwegen, im Winter bei Schnee deutlich mehr Zeit einplanen.

Ausgangs-/Endpunkt
Parkplatz beim Aquatreff in Todtmoos, 820 m

Höchster Punkt
Breitmoos, 1152 m

Anfahrt
gps 47.74480, 8.00430
Von der B 500 Titisee-Neustadt – Waldshut-Tiengen in Häusern auf die L 149 abbiegen, weiter über St. Blasien und die L 150 bis Todtmoos. Oder von der B 317 Lörrach – Todtnau bei Mambach nach Todtmoos abbiegen. Die Zufahrt zum Parkplatz erfolgt ab der L 150 über den Schwimmbadweg.

Anfahrt mit Bus & Bahn
Es bestehen Busverbindungen ab Bad Säckingen, Todtnau und St. Blasien zum Busbahnhof Todtmoos.

Gehzeiten
Todtmoos – Rüttepark-Pavillon 1.15–1.30 Std., Rüttepark-Pavillon – Hochkopfhaus 1.45 Std., Hochkopfhaus – Todtmoos 2 Std.

Einkehr
Waldhotel Auerhahn, Di. bis So., www.waldhotel-auerhahn.com

Karte
Karte des Schwarzwaldvereins 1:25 000, W257 Schönau

Beste Jahreszeit
Außer bei hohem Neuschnee das ganze Jahr reizvoll

Informationen
Touristinformation Todtmoos, Tel. 07652/120 60, www.hochschwarzwald.de/Todtmoos

Die Gemeinde Todtmoos beschreibt diese Wanderung selbst als »das Schönste, was die Lebküchler rund um ihren Ort zu bieten haben«. Tatsächlich können wir auf dieser Runde eine ganze Reihe schöner Eindrücke sammeln. Besonders reizvoll ist der Pfad im Winter, wenn ein wenig Schnee liegt, es aber noch nicht zum Skifahren reicht.

Geisterwanderer haben mehr vom Tag.   Der offizielle Einstieg zu dieser Wanderung ist bei Todtmoos-Höfle. Vom Parkplatz am Schwimmbad erreicht man diesen am besten über den Fußweg entlang des Rüttebächles. Von dort folgen wir der gelben Raute nach Todtmoos-Strick. Die Beschilderung des Lebküchlerwegs hat dies anders vorgesehen. Dass wir die Tour entgegen ihrer Laufrichtung begehen, hat den Vorteil, dass wir auf der ersten Hälfte schöne Rastplätze finden und auf der zweiten Hälfte zu einem Gasthaus kommen. Also halten wir uns bei der Verzweigung in Höfle rechts und laufen das kurze Stück nach Strick hinauf. Nachdem

Josefskapelle bei Todtmoos-Strick

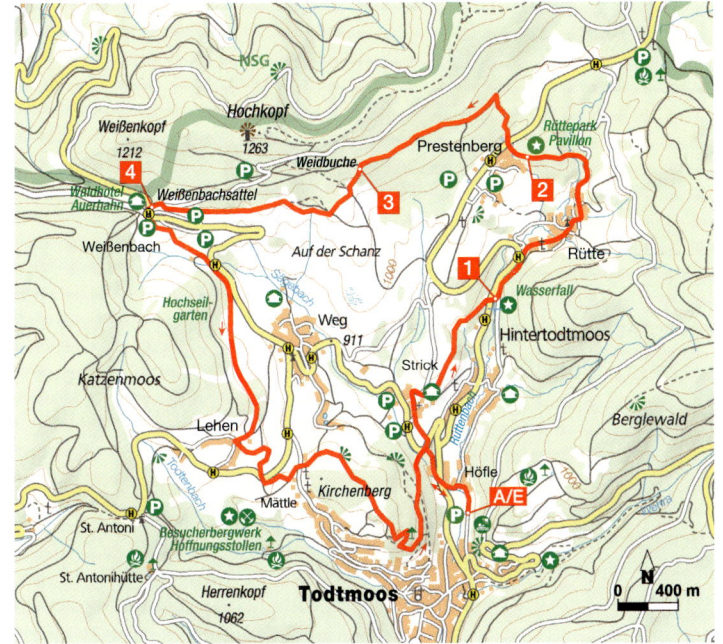

Der Liebfrauenbrunnen oberhalb von Prestenberg

wir die malerische Josefskapelle passiert haben, zweigen wir beim Wegweiser oberhalb erst scharf rechts auf den Weg zwischen zwei Häusern, dann links ab und folgen dem Wanderweg entlang einer Baumreihe in den Wald. Wo der Weg endet, überqueren wir die L 146 und steigen auf der rechten Seite zum versteckt gelegenen **❶ Wasserfall** des Rüttebächles ab.

Nachdem wir die Brücke beim Wasserfall überquert haben, biegen wir links auf die Forststraße ab und folgen der gelben Raute bzw. der Beschilderung vom Lebküchlerweg über Todtmoos-Rütte, »Am Beerenbühl« zum **❷ Rüttepark-Pavillon**. Die Streckenführung ist nicht ganz einfach. Um auf dem richtigen Weg zu bleiben, sollte man sich gelegentlich umsehen, ob nicht im Rücken eine Wegmarkierung zu sehen ist. Vor einer offenen Felspartie zweigt der Wanderweg dann links ab und erreicht bald darauf den Pavillon. Neben einer hübschen Aussicht überrascht er mit einem Grill, der sich mitten in dem Holzbau befindet. Sowie wir auf den nächsten Forstweg treffen, biegen wir links ab und folgen der gelben Raute (Achtung, eine ist links erst zu sehen, wenn man vorbei ist) durch den Wald zurück an die L 146.

Jenseits der Straße passieren wir den Liebfrauenbrunnen und biegen 400 Meter weiter links zum Weißenbachsattel ab, nehmen dann aber den Umweg über die **❸ Weidbuche**, ehe wir dem Weg unterhalb des Waldrands über den Weißenbachsattel zum **❹ Waldhotel Auerhahn** folgen. Zwei Drittel der Tour sind geschafft, womit das Gasthaus für eine Einkehr wie gerufen kommt. Danach folgen wir dem Westweg bis Todtmoos-Lehen und dann der Beschilderung über »Beim Tannenhof« und »Beim Schwarzfelsen« zurück nach Todtmoos-Höfle, wo diese schöne Runde endet.

Lebküchler

Die Todtmooser werden auch »Läbküechl'r« genannt, da der Lebkuchen seit vielen Jahren eine Spezialität der Gemeinde ist. In früheren Zeiten wurde dieser gerne von Wallfahrern als lang haltbare und selbst beim Laufen einfach zu essende Wegzehrung mitgenommen. Auf den Verkauf der Lebkuchen gehen auch die Holzbuden unterhalb der Wallfahrtskirche von Todtmoos zurück. Diese werden allerdings nur zum Weihnachtsmarkt der Gemeinde geöffnet bzw. von den Vereinen des Dorfs bewirtschaftet.

6

Felsenweg Höchenschwand

Über den Eselfuß zum Wasserfelsen

Mittel 9,3 km 270 Hm 2.30–3 Std.

Tourencharakter
Ruhige Tour über Pfade und Waldwege. Der Felsenweg ist mit Draht-
seilen gesichert, im Bereich vom
Wasserfelsen ist Trittsicherheit
dennoch von Vorteil.

Ausgangs-/Endpunkt
Wanderparkplatz Kreuzstein,
956 m

Höchster Punkt
Kuppe nahe Kreuzstein, 978 m

Anfahrt
gps 47.72810, 8.17640
Von der B 500 Titisee-Neustadt –
Waldshut-Tiengen bei Höchenschwand auf die K 6555 Richtung Strittberg abbiegen, weiter
über die Kreisstraße bis zum
Wanderparkplatz auf der linken
Seite.

Anfahrt mit Bus & Bahn
Es bestehen Busverbindungen ab
St. Blasien und Waldshut zur Haltestelle Höchenschwand/Kreuz-
stein.

Gehzeiten
Kreuzstein – Wasserfelsen
1–1.5 Std., Wasserfelsen – Hornweg 0.30 Std., Hornweg – Kreuzstein 1–1.15 Std.

Einkehr
Auf der Strecke keine Möglichkeit,
Gasthäuser in Höchenschwand.

Karte
Karte des Schwarzwaldvereins
1:25 000, W258 Titisee-Neustadt

Beste Jahreszeit
Außer bei Eisglätte das ganze Jahr,
auch bei dünner Schneedecke gut
machbar

Informationen
Ferien-Südschwarzwald Touristinformation Höchenschwand,
Tel. 07672/481 80,
www.ferien-suedschwarzwald.de

Der Luftkurort Höchenschwand ist auch als »Dorf am Himmel« bekannt. Vor allem im Herbst mag man dies gerne glauben. Denn während das Hochrheintal unter einer zähen Nebeldecke verborgen bleibt, reicht die Sicht vom Südrand des Schwarzwalds oft bis zu den Alpen. Schon deshalb lohnt sich der Ausflug.

Die Heilige Familie auf Reisen Bis zum ersten Ziel dieser Tour ist es nicht weit: Vom Wanderparkplatz Kreuzstein folgt man der gelben Raute Richtung Lerchenberghütte über den schnurgeraden Forstweg und legt beim Wegweiser »Moosweg« eine Vollbremsung ein. Der ❶ Eselfuß befindet sich zwischen den beiden sich auf der Lichtung verzweigenden Wanderwegen. Rein optisch mag sich der ein oder andere wundern, dass eine so unscheinbare Kerbe überhaupt Beachtung fand. Bevor es weitergeht, sollte man dennoch unbedingt die Entstehungsgeschichte der hufförmigen Aussparung im Stein lesen.

Auf dem Felsenweg Rechts vom Eselstein folgen wir der gelben Raute über die Lerchenberghütte zum ❷ Herrgottsholzweg. Dort wechseln wir auf den Felsenweg (auch Mittelweg) und folgen der Beschilderung

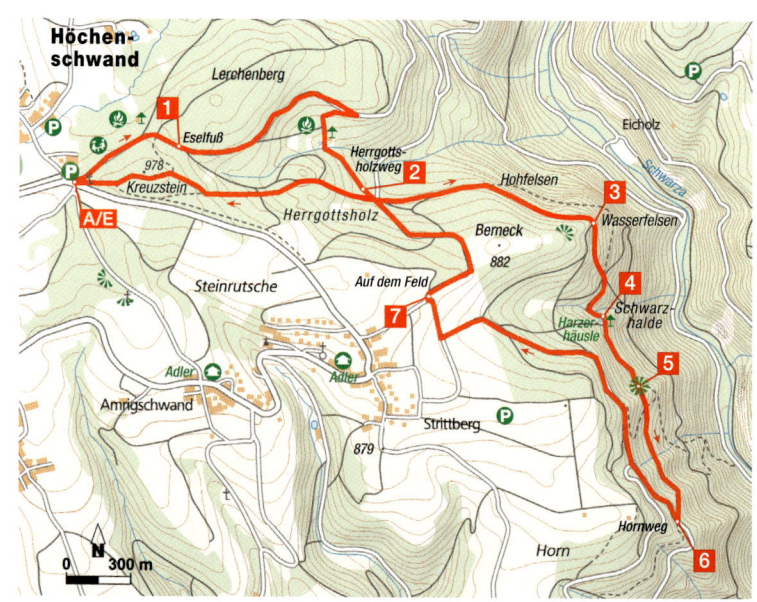

durch den Bannwald an den Rand des Schwarzatals. Nachdem wir die ersten Felsen passiert haben, öffnet sich die Sicht über das tiefe Tal zum gegenüberliegenden Hang. Auf den nächsten Metern macht der Felsenweg seinem Namen alle Ehre. Mit Stahlseilen und einer Brücke gut gesichert, verläuft der schmale Pfad zwischen den Felsen zur Rechten und dem Abgrund zur Linken. Besonders schön ist der Abschnitt beim ❸ Wasserfelsen. Bei längeren Frostperioden ist der Felsen mit mächtigen Eiszapfen bedeckt. Weiter geht es auf dem Felsenweg vorbei am ❹ Harzerhäusle und über den Aussichtspunkt am ❺ Glockenblumenweg zum Wegweiser ❻ Hornweg. Dort verlassen wir den Mittelweg, biegen scharf rechts Richtung Strittberg ab (gelbe Raute) und kommen als Nächstes zum Spielplatz »Familienleben« des Wolfspfads. Geradeaus gabelt sich der Weg gut 600 Meter weiter.

Auf dem schmalen Felsenweg geht es an den oberen Rand des Schwarzatals.

Finale mit Alpensicht Bald sind die Felder und Wiesen rund um Strittberg erreicht. Wenn das Wetter mitspielt, zeichnet sich in der Ferne die Alpenkette deutlich ab. Nachdem der Wanderweg rechts abbiegt, kommen wir zum Wegweiser ❼ Auf dem Feld. Um zum Ausgangspunkt zurückzukehren, biegen wir rechts Richtung »Kreuzstein« ab. Nach 900 Metern treffen wir ein zweites Mal beim ❷ Herrgottsholzweg auf den Mittelweg, der uns diesmal links durch den Wald zum Wanderparkplatz Kreuzstein führt.

Im Winter bilden sich dicke Eiszapfen am Wasserfelsen.

Wie der Eselstein entstand

Laut der Legende soll die Heilige Familie auf ihrer Flucht vor Herodes auch in den Schwarzwald gekommen sein. Dies geschah, als die Häscher ihnen bereits so eng auf den Fersen waren, dass sie sich keinen Ausweg mehr wussten. Da wurden ihre drei Esel wie von unsichtbarer Hand emporgehoben und zwischen Amrigschwand und Höchenschwand wieder auf den Boden gesetzt. Eines der Tiere setzte dabei mit solcher Wucht auf einen Granitfelsen auf, dass sein rechter Hinterhuf einen tiefen Abdruck im Stein hinterließ. Vor Ort können wir uns überzeugen: Der Abdruck ist immer noch im Eselstein zu erkennen.

7 Roggenbacher Schlösser

Altehrwürdige Mauern im Steinatal

Leicht · 10,5 km · 250 Hm · 3–3.30 Std.

Tourencharakter
Leichte Wanderung ohne technische Anforderungen auf Forst- und Landwirtschaftsstraßen sowie im zweiten Teil auf Waldpfaden.

Ausgangs-/Endpunkt
Rastplatz Steina, 712 m

Höchster Punkt
Bereich Fuchsberg, 820 m

Anfahrt
gps 47.79710, 8.32560
Von der B 34 bei Tiengen oder Lauchringen auf die L 159 Richtung Bonndorf. Die Anfahrt von Norden erfolgt über die B 315 bis Bonndorf, weiter über die L 170 und L 159 Richtung Tiengen. Der Rastplatz befindet sich zwischen Steinabad und Abzweigung Roggenbacher Schlösser.

Anfahrt mit Bus & Bahn
Es bestehen Busverbindungen ab Waldshut-Tiengen, Bonndorf und Stühlingen zur Haltestelle Wittlekofen/Am Buck. Der Einstieg in die Wanderung erfolgt dann in Wittle-kofen.

Gehzeiten
Rastplatz Steina – Wittlekofen 1.15 Std., Wittlekofen – Roggenbacher Schlösser 0.45 Std., Roggenbacher Schlösser – Rastplatz Steina 1–1.30 Std.

Einkehr
Auf der Strecke keine

Karte
Karte des Schwarzwaldvereins 1:25 000, W267 Stühlingen

Beste Jahreszeit
März bis Ende Oktober

Informationen
Touristinformation Bonndorf, Tel. 07703/76 07, www.bonndorf.de

Unter dem Begriff Roggenbacher Schlösser werden die um 1200 erbauten Burgen Roggenbach und Steinegg zusammengefasst. Die größere Festung ist auch unter dem Namen Weißenburg bekannt. Der Name geht auf Johann von Krenkingen-Weißenburg zurück, der das Steinatal als Basis für Raubzüge ins Gebiet des Klosters St. Blasien nutzte.

Über dem Steinatal Der Einstieg zu dieser Wanderung ist beim Rastplatz Steina, 650 Meter südlich von Steinabad. Von hier geht es auf dem Forstweg bergan über »Steinaweg« zum ❶ **Sportplatz Wellendingen**. Er befindet sich oberhalb der Steinahalde und überrascht mit einer schönen Sicht über die von Wiesen und Feldern geprägte Hochfläche. Am Sportplatz biegen wir rechts auf den Römerweg ab. Er führt uns erst an den Waldrand, dann im Wald um den Fuchsberg (822 m) herum. Um auf dem offiziellen Wanderweg zu bleiben, biegen wir bei einem überdachten Bildstock mit Reh im Sockel links ab.

600 Meter weiter erreichen wir den Wegweiser »Am Fuchsberg«. Die Roggenbacher Schlösser sind hier in zwei Richtungen angeschrieben. Wir wählen die kürzere Variante und bleiben damit bis ❷ **Wittlekofen** auf dem Römerweg. Wo der Weg in die Roggenbacher Straße mündet, verlassen wir in etwa gegenüber – um etwa 20 Meter versetzt – den Römerweg und folgen dem Tal des Tunznaubächles (gelbe Raute) durch den Wald bis zum Wegweiser »Roggenbacher Schlösser«.

Aussicht vom südlichen Bergfried der Ruine Roggenbach über das Steinatal

Roggenbacher Schlösser Zwischen dem Wanderweg und der Burgruine gibt es mehrere Trampelpfade. Während die auf der rechten Seite bald im Dickicht enden, geht es auf dem linken in einem Bogen zur ❸ **Ruine Roggenbach**. Am Eingang angelangt, sind gute Nerven gefragt. So warnt ein Schild vor Ort: »Das Begehen der Ruine ist gefährlich und erfolgt auf eigene Gefahr. [...] Bei Gewitter ist das Ruinengelände zu verlassen.« Wer sich davon nicht abschrecken lässt und den linken der beiden erhaltenen Türme über die später angebrachte Wendeltreppe besteigt, wird oben mit einer schönen Aussicht über das Steinatal belohnt. Die benachbarte Ruine Steinegg ist auch zu sehen. Um dorthin zu gelangen, kehren wir zum Wegweiser zurück und laufen ab da fünf, sechs Schritte in Richtung Wittlekofen. Dann sollten wir links einen unscheinbaren Pfad entdecken, der mit einer blauen Raute markiert ist. Nach einer Kehrtwende steigt dieser gemächlich bis zur unzugänglichen ❹ **Ruine Steinegg** an. Anschließend

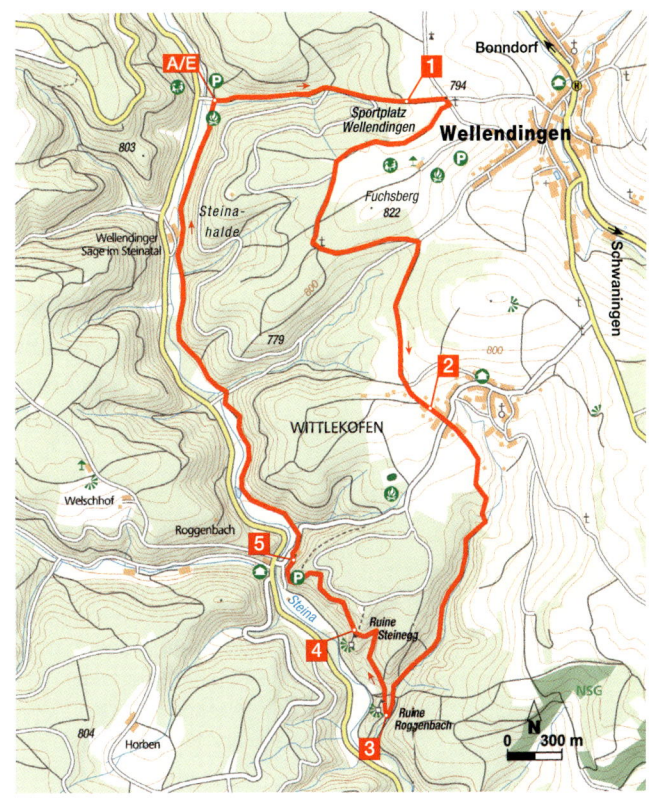

folgen wir der blauen Raute über ❺ **An der Schlossberghalde** bis zum Wegweiser »Roggenbach«. Dort treffen wir auf die K 6517, die wir in der nächsten Rechtskurve links verlassen. Auf dem Steinatalweg kommen wir schließlich wieder zurück zum Grill- und Rastplatz Steina.

Eine Wendeltreppe aus alten Zementstufen führt auf die Ruine Roggenbach.

Der Schatz von Roggenbach

Die Roggenbach-Sage handelt von einem Pächter des Roggenbacher Hofs, dem ein Fremder anvertraute, dass in der Ruine eine Kiste mit Gold versteckt sei, über die ein Pudel wache. Sodann führte er den Pächter zu dem Ort. Nachdem der Hund verscheucht war, öffnete der Pächter die Kiste. Anstelle von Gold erblickte er aber nur Spreu. Weil ihn der Fremde aufforderte, so viel an sich zu nehmen, wie er wolle, und er nicht unhöflich wirken wollte, steckte er ein wenig davon in seinen Sack. Als er den Sack auf seinem Hof wieder öffnete, sah er, dass sich die Spreu in Gold verwandelt hatte. Sofort kehrte er zur Ruine zurück, konnte den Schatz aber nicht mehr finden.

Engeschlucht
Das Juwel abseits der Wutachschlucht

Mittel · 10 km · 180 Hm · 3–3.30 Std.

Tourencharakter
Konditionell leichte Wanderung über Pfade, im Bereich der Schluchten ist Trittsicherheit von Vorteil, in der Engeschlucht erleichtern Leitern den Aufstieg.

Ausgangs-/Endpunkt
Wanderparkplatz Bachheim, 724 m

Höchster Punkt
Hochfläche östlich Bachheim, 730 m

Anfahrt
gps 47.85470, 8.40980
Von der B 31 Titisee-Neustadt – Donaueschingen bei Unadingen nach Bachheim abfahren und den Schildern zur Drei-Schluchten-Halle folgen. Der Wanderparkplatz befindet sich am Waldrand.

Anfahrt mit Bus & Bahn
Es bestehen Bahn- und Busverbindungen ab Löffingen, Donaueschingen und Neustadt zum Bahnhof Bachheim bzw. zur Haltestelle Bachheim/Gh. Hirschen. Der Zugang erfolgt über die Neuenburgstraße und den Schluchtweg.

Gehzeiten
Wanderparkplatz – Inselwirtskeller 0.20 Std., Inselwirtskeller – Burgmühle 1.15–1.30 Std., Burgmühle – Wanderparkplatz 1.30 Std.

Einkehr
Wanderheim Burgmühle, Mai bis Okt., Di.–Fr. ab 11, Sa. und So. ab 10 Uhr

Karte
Karte des Schwarzwaldvereins 1:25 000, W259 Blumberg

Beste Jahreszeit
Mai bis Oktober

Informationen
Touristinformation Löffingen, Tel. 07652/120 60, www.hochschwarzwald.de/Loeffingen

Eine klassische Wanderung durch die Wutachschlucht beginnt bei der Wutachmühle und endet bei der Schattenmühle – oder umgekehrt. Nur wenige Wanderer finden die Eingänge in die Seitenschluchten; und schon gar nicht in die Seitenschluchten der Seitenschluchten. Die Engeschlucht ist so eine.

Erst mal runterkommen Das beschauliche Bachheim liegt auf einer Hochfläche im Alb-Wutach-Gebiet. Rund um den Ort bestimmen sanft geschwungene Felder und Wiesen die Landschaft. Einzig der Name der Drei-Schluchten-Halle gibt zu erkennen, dass die Topografie nahe Bachheim alles andere als eben ist.

Der Einstieg zur Wanderung befindet sich beim Wald- und Wanderparkplatz südöstlich der Halle. Von dort folgen wir dem Wanderweg hinunter in die Wutachschlucht. Nach rund einem Kilometer treffen wir beim Wegweiser ❶ **Inselwirtskeller** auf den Schluchtensteig. Wir biegen links ab und folgen dem geschwungenen Symbol durch die Schlucht Richtung Wutachmühle. Nachdem wir die Wutach überquert und entlang einer Muschelkalkwand den Wutachaustritt passiert haben, erreichen wir den ❷ **Kanadiersteg**.

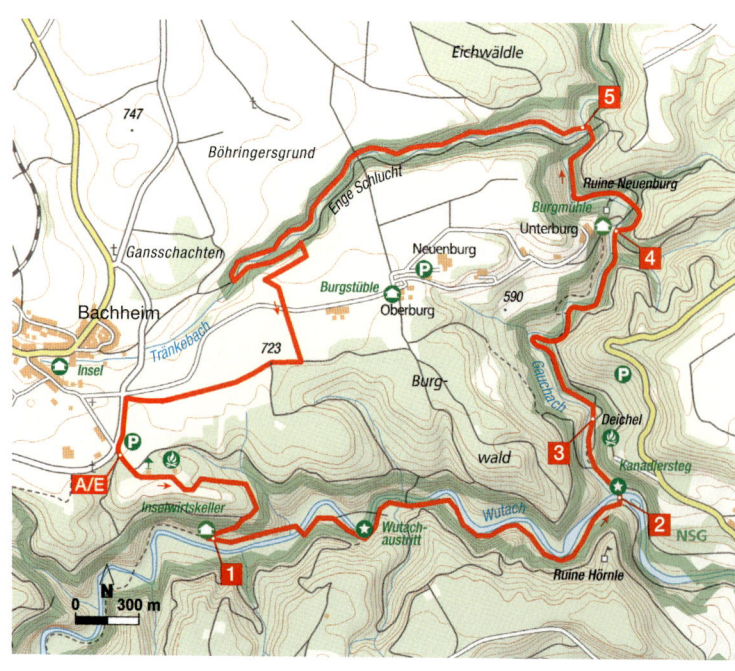

Intermezzo in der Gauchachschlucht Beim Kanadiersteg bzw. der Gauchachmündung verlassen wir den Schluchtensteig und überqueren die Wutach ein zweites Mal. Die Gauchach hat die größte Nebenschlucht gebildet. Da sie im Vergleich zur Wutach nur wenig Wasser führt, kommt die rückschreitende Erosion hier langsamer voran. Als Folge ist das Gefälle in der Gauchachschlucht größer, sodass der Wildbach über zahlreiche Kaskaden talwärts plätschert.

Flussaufwärts stoßen wir bald auf einen Waldlehrpfad. Besondere Beachtung hat hier eine ❸ Deichel (andernorts Teuchel genannt) verdient. Der durchbohrte Holzstamm veranschaulicht, wie früher Wasserleitungen ausgesehen haben. In den Boden eingegraben, hatten die Deicheln eine für damalige Verhältnisse lange Lebensdauer. Weiter flussaufwärts überquert der Wanderweg dreimal die Gauchach. Dann erreichen wir die ❹ Burgmühle. Das Naturfreundehaus bietet einfache Speisen und ist der perfekte Platz für eine Rast.

Aufstieg durch die Engeschlucht Anschließend geht es weiter flussaufwärts. Der nun schmale Pfad verläuft zum Teil direkt an einer überhängenden Felswand, dann wieder über Brücken entlang der Gauchach. Nach 600 Metern erreichen wir den ❺ Abzweig in die Engeschlucht. Sie ist der am wenigsten begangene Abschnitt der Wanderung und hat ihren ursprünglichen Charakter bewahrt. Der Aufstieg erfolgt über Pfade, Leitern und das Bachbett des Tränkebachs. Vom oberen Ende der Schlucht folgen wir schließlich der gelben Raute über die Hochfläche zurück zum Ausgangspunkt.

Steil aufragende Muschelkalkwände charakterisieren die Passage in der Wutachschlucht.

Brücke zwischen dem Inselwirtskeller und dem Kanadiersteg

Wutachflühen

Märzenbecherblüte im Tal der Wutach

9

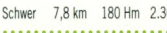

Schwer   7,8 km   180 Hm   2.30–3 Std.

Tourencharakter
Der Weg durch die Wutachflühen
ist technisch einfach, aber nicht
ungefährlich. Durch den Hang-
druck ist der Pfad an einigen Stellen abschüssig. Bei nassem Laub
kann dies schnell zu einem Sturz
mit unsanfter Landung führen.

Ausgangs-/Endpunkt
Wutachflühen-Parkplatz, 580 m

Höchster Punkt
Wutachflühen-Parkplatz, 580 m

Anfahrt
gps 47.81580, 8.51480
Über die B 314 Lauchringen – Hil-
zingen bei Fützen abfahren, weiter
über die Singener Straße und Flü-
henstraße Richtung Achdorf bis
zum Parkplatz auf der linken Seite.

Anfahrt mit Bus & Bahn
Die Anfahrt mit öffentlichen Verkehrsmitteln ist nicht möglich.

Gehzeiten
Wutachflühen-Parkplatz – Am
Unteren Flühenweg 0.30 Std.,
Am Unteren Flühenweg – Wutach-
brücke 1–1.15 Std., Wutachbrücke –
Wutachflühen-Parkplatz 1–1.15 Std.

Einkehr
Auf der Strecke keine Möglichkeit,
Rastplatz beim Ausgangspunkt

Karte
Karte des Schwarzwaldvereins
1:25 000, W267 Stühlingen

Beste Jahreszeit
März bis Oktober

Informationen
Touristinfo Blumberg,
Tel. 07702/512 00,
www.stadt-blumberg.de

Die schönste Zeit für diese Wanderung ist der Übergang
vom Winter zum Frühling. Sobald Mitte Februar oder Anfang März der letzte Schnee geschmolzen ist und die ersten warmen Sonnenstrahlen auf den Waldboden fallen,
bilden Märzenbecher prachtvolle Blütenteppiche an den
Hängen östlich der Wutach.

Auftakt mit Tiefblick   Vom hinteren Bereich des Wutachflühen-Parkplat-
zes leitet uns ein schmaler Pfad mit dem Schluchtensteig-Symbol an den
oberen Rand der Wutachflühen. Für den Blick hinab in das tief eingeschnittene Tal der Wutach sollte man schwindelfrei sein oder sich am Ge-
länder festhalten. Vom ersten Aussichtspunkt führt der Weg am Rand
entlang erst zu einer zweiten Aussichtsstelle, dann über Stufen den Hang
bergab. Sobald rechts ein zweiter Pfad mündet, verlassen wir den
Schluchtensteig. Das nächste Stück wandern wir entgegen unserer bis-

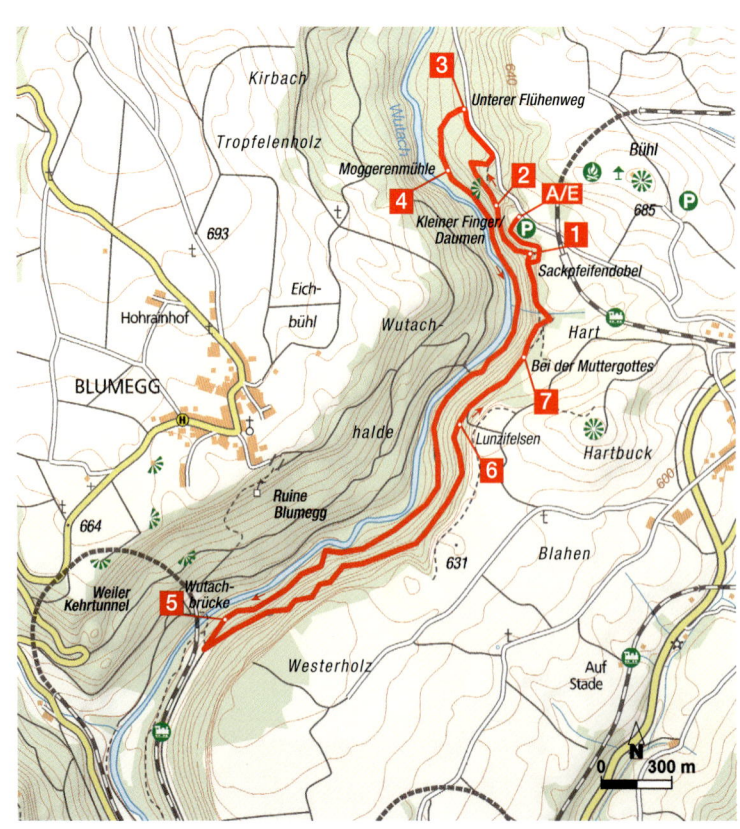

herigen Laufrichtung – allerdings ein Stück tiefer als zu- vor. Auf dem wenig begangenen Pfad lohnt es sich, die Augen offen zu halten. Denn nur zu schnell hat man die Zeugenfelsen im Bereich nach dem ❶ Sackpfeifendobel übersehen. Es sind Felsnadeln, die der Erosion besser trot- zen konnten als das sie umgebende Gestein und jetzt iso- liert vor dem Felshang stehen. Zwei besonders markante Zeugenfelsen werden entsprechend ihrer unterschiedli- chen Größe ❷ Kleiner Finger und Daumen genannt.

Unterer Wutachflühenweg Nach 850 Metern mündet der Pfad in die Kreisstraße. Hier biegen wir links ab. Nach ein paar wenigen Schritten auf der wenig befahrenen Straße wechseln wir links auf den ❸ Unteren Flühenweg. Auf dem nächsten Stück bis zur Eisenbahnbrücke gleicht diese Tour eher einem gemütlichen Spaziergang als einer Wan- derung. Nach der Blüte der Märzenbecher erfreuen hier Veilchen, das Wiesenschaumkraut, Frühlingsplatterbsen und selbst Knabenkräuter das Auge. Bevor wir Zugang an den Fluss haben, passieren wir zwei Mühlsteine. Sie sind Überbleibsel der erstmals 1415 erwähnten ❹ Moggeren- mühle.

Weiter geht es bis zur ❺ Wutachbrücke. Das 107,5 Meter lange und 28 Meter hohe Viadukt ist Teil der 1890 fertiggestellten Wutachtalbahn. Heute verkehrt hier die Sauschwänzlebahn als Museumsbahn. Nahe den Infotafeln treffen wir wieder auf den Schluchtensteig. Die Wanderung ändert erneut ihren Charakter und führt über einen Waldpfad bergan in den steil abfallenden Rand der Wutachflühen. Als weitere geologische Besonderheiten passieren wir den ❻ Lunzifelsen – einen anderen Zeu- genfelsen – und die Muttergottes, eine tiefe Ausbuchtung in der Felswand. Beim Wegweiser ❼ Bei der Muttergottes ist der Parkplatz Wutachflühen wieder ange- schrieben.

Nichts für schwache Nerven: der Tiefblick vom oberen Rand der Wutach- flühen auf die Wutach

Im März und April läuten die Leber- blümchen den Früh- ling im Wutachtal ein.

Märzenbecher

. . . .

Die als Märzenbecher bekannte Frühlings-Knoten- blume (*Leucojum vernum*) stammt aus der Familie der Amaryllisgewächse. Der Name der Gattung Leuco- jum setzt sich aus den griechischen Begriffen für weiß (*leukos*) und, wegen ihres Dufts, Veilchen (*ion*) zusammen. Typische Standorte des krautigen Zwie- belgewächses sind Auenwälder und feuchte Laubwäl- der mit nährstoffreichen, mäßig sauren Ton- und Lehmböden. Gut zu erkennen ist der Märzenbecher an den grünlich-gelben Malen am Saum der weißen Blüten. Die zehn bis 30 Zentimeter hohen Pflanzen sind giftig und nach Bundesartenschutzverordnung bzw. der Roten Liste streng geschützt. Ein naher Ver- wandter ist die deutlich größere Sommer-Knoten- blume.

10 Münstertal

Kloster St. Trudpert und Teufelsgrund

Leicht   11 km   550 Hm   3.30 Std.

Tourencharakter
Technisch einfache, jedoch mit
einem längeren Anstieg garnierte
Tour über Forststraßen und Pfade.

Ausgangs-/Endpunkt
Kloster St. Trudpert, 450 m

Höchster Punkt
Sandebene, 850 m

Anfahrt
gps 47.86500, 7.80200
Von der A 5 Basel – Freiburg bei
Ausfahrt 64a nach Bad Krozingen
abfahren, weiter über die L 120
und L 123 bis zum Kloster
St. Trudpert.

Anfahrt mit Bus & Bahn
Es bestehen Busverbindungen ab
dem Bahnhof Münstertal zur Haltestelle Münstertal/St. Trudpert.

Gehzeiten
Kloster St. Trudpert – Bergwerkstü-
ble 1.30 Std., Bergwerkstüble –
Sandebene 1 Std., Sandebene –
Kloster St. Trudpert 1 Std.

Einkehr
Bergwerkstüble, Di.–So. ab 10 Uhr,
Montag Ruhetag,
www.bergwerkstueble.de

Karte
Karte des Schwarzwaldvereins
1:25 000, W257 Schönau

Beste Jahreszeit
Wanderung das ganze Jahr über
möglich

Informationen
Breisgau-Süd Touristik,
Tel. 07636/707 40,
www.muenstertal-staufen.de

Das Kloster St. Trudpert zählt zu den ältesten Gotteshäusern im Schwarzwald. Nachdem die Benediktiner die Abtei um 800 gegründet hatten, erlebte das Kloster mit dem Abbau der nahen Silbervorkommen eine erste Blütezeit, ging nach der Zerstörung der Stadt Münstertal im Jahr 1346 jedoch nieder. Die heutigen Anlagen entstanden ab 1710.

Die Entstehung des Klosters Das Kloster im Münstertal geht auf den aus Irland oder Schottland stammenden Missionar Trudpert zurück. Nachdem er zuerst das Grab des heiligen Petrus in Rom besucht hatte, erkannte der Wandermönch am Fuße des Belchen den Ort, welchen Gott für sein Wirken vorgesehen hatte. Mit Unterstützung des Landgrafen Otbert errichtete er am Zusammenfluss vom Pfaffenbach und Neumagen ein Bethaus und missionierte ab 604 die heidnischen Alemannen.

Die Siedlungsgeschichte im
Münstertal ist eng mit dem
Kloster St. Trudpert verbunden.

Laut der Überlieferung sollen die ihm zugewiesenen Knechte der harten Arbeit jedoch bald überdrüssig geworden sein, weshalb sie ihn nach drei Jahren mit der Axt erschlugen. Bei ihrer Flucht verirrten sie sich allerdings im Wald und erschienen – im Glauben, an einem fernen Ort zu sein – wieder im Münstertal, wo sie festgenommen und zum Tode verurteilt wurden. Die Kapelle hinter der barocken Stiftskirche wurde auf dem Grab von St. Trudpert errichtet. Das Kloster wurde 1920 von den aus dem Elsass stammenden Schwestern vom heiligen Josef zu Saint Marc erworben. Vom Besucherparkplatz aus führt ein Gehweg um den Kloster-

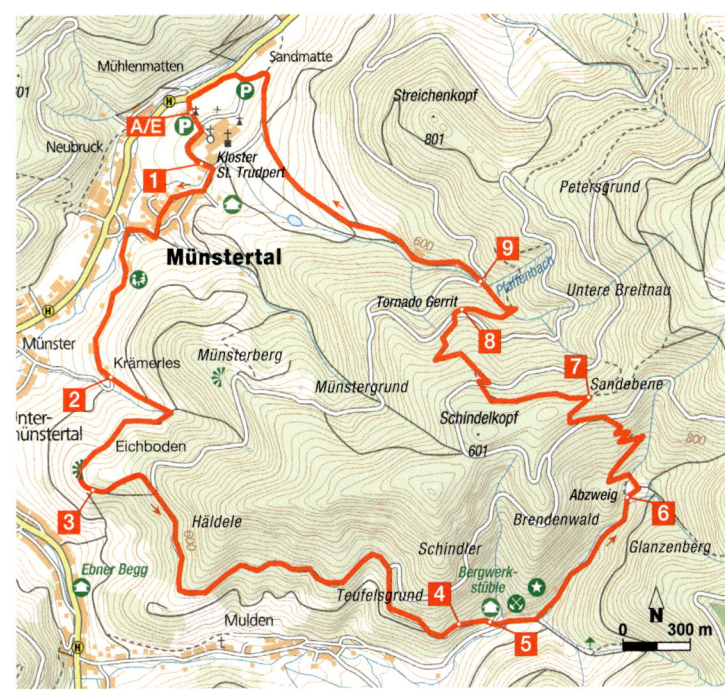

friedhof zum ❶ **Kloster St. Trudpert**. Dort angekommen, laufen wir um die Klosteranlage herum, biegen bei »St. Trudpert Ökonomie« rechts ab und folgen der gelben Raute über den Kirchweg und Prestenbergweg zum Wegweiser »Prestenberg«. Noch vor der Brücke über den Neumagen biegen wir links ab und wandern auf dem Weg erst durch das Neumagental bergan, dann hoch an den Waldrand. Wo sich bei ❷ **Krämerles** der Weg gabelt, halten wir uns links und wählen damit die steilere der beiden Möglichkeiten. Am Waldrand angekommen, zweigt der Wanderweg rechts ab und passiert auf den nächsten Metern mehrere Bänke. Als wir diese Runde gelaufen sind, herrschte hier oben dicker Nebel, der nur Sichtweiten bis 40 oder 50 Meter erlaubte. Wir sind uns aber sicher, dass der nächste Abschnitt einige schöne Aussichtspunkte über Münstertal und die Täler von Neumagen und den Talbach bietet.

Bergbau am Teufelsgrund Wo der Wanderweg eine enge Linkskurve beschreibt, kommen wir zu einer weithin sichtbaren ❸ **Krippe**. Genau genommen ist es ein Pavillon, den die Münstertäler Krippenbauer 1996 gebaut haben. Die darin aufgestellten bekannten Figuren sind aus Holz ge-

In der Gemeinde Münstertal helfen Ziegen bei der Landschaftspflege.

schnitzt. Auch hier laden Bänke zum Verweilen ein. Anschließend hält der Wanderweg auf den Wald zu und wir zweigen rechts ab auf das schmale Hirtenwegle. Wo der Pfad endet, biegen wir rechts auf einen Forstweg ab und folgen der gelben Raute durch den Wald und einem Abschnitt des geologisch-bergbaugeschichtlichen Wanderwegs bis zu seiner Einmündung in eine Forststraße und, rechts ab, zum ❹ Teufelsgrund.

In dem Schaubergwerk Teufelsgrund sind über 1000 Jahre Bergbaugeschichte dokumentiert. Im frühen Mittelalter leitete der Abbau der silberhaltigen Erze den Aufschwung der Stadt Münster zu einer der reichsten Städte im Südschwarzwald ein. Die nahe Freiburger Konkurrenz beendete den wirtschaftlichen Aufschwung jedoch abrupt mit der Zerstörung der Stadt (1346). Der Rückgang des Ertrags, die Folgen des Dreißigjährigen Kriegs, aber auch bergbautechnische Schwierigkeiten und Silberimporte von Spanien her brachten schließlich den Bergbau im 17. Jahrhundert zum Erliegen. Im 18. Jahrhundert begann mit dem Abbau von Blei eine zweite Bergbauperiode, die bis 1864 anhielt. Das letzte Mal wurden die Stollen 1942 in Betrieb genommen, um Flussspat abzubauen. Weil man keine abbauwürdigen Vorkommen fand, wurde die Grube Teufelsgrund 1958 stillgelegt und zwölf Jahre später als erstes Schaubergwerk im Schwarzwald wieder eröffnet.

Rückkehr über die Sandebene Wenige Meter vom Bergwerk lädt das ❺ Bergwerkstüble zur Einkehr ein. Es ist sehr zu empfehlen, hier Rast zu machen, denn erstens haben wir knapp die Hälfte der Wanderung bereits geschafft und zweitens kennt der Weg auf den nächsten zwei Kilometern nur eine Richtung: nämlich bergauf.

Krippenfiguren im Pavillon der Münstertäler Krippenbauer

Frisch gestärkt geht es anschließend mit der gelben Raute durch das bewaldete Tal des Kaibengrundbachs. Nach rund 900 Metern ab dem Bergwerkstüble erreichen wir eine Lichtung. Während der befahrbare Forstweg hier rechts abbiegt, zweigen wir links auf einen schmalen Pfad ab (**❻ Abzweig Sandebene**), überqueren den Bach und folgen dem Wanderweg im Zickzack durch den Wald hinauf auf die **❼ Sandebene**. Oben angekommen, wechseln wir auf den Wanderweg mit der blauen Raute und folgen dieser – jetzt stets bergab – über **❾ Pfaffenbach**, Kapellenmatten und Sandmatte zurück zum Parkplatz beim Kloster St. Trudpert. Dabei durchqueren wir im Tal des Pfaffenbachs ein Waldstück, das am 29. Juli 2005 vom **❽ Tornado Gerrit** umgelegt wurde. Auf den letzten Metern öffnet sich uns dann nochmals eine schöne Sicht auf die imposante Klosteranlage.

Trudperts Brünnle

11

Silberberg

Schatzkammer beim Herzogenhorn

Tourencharakter
Mittelschwere Wanderung über meist breite Wege, aber auch schmale Pfade, die im Bereich vom Silberberg auch über Felsen führen.

Ausgangs-/Endpunkt
Hebelhof/Parkplatz Grafenmatt, 1230 m

Höchster Punkt
Herzogenhorn, 1415 m

Anfahrt
gps 47.85620, 8.03000
Über die B 31 Freiburg – Donaueschingen bei Titisee auf die B 317 Richtung Lörrach fahren. Der Parkplatz befindet sich auf der Feldberg-Passhöhe.

Anfahrt mit Bus & Bahn
Es bestehen Busverbindungen ab Titisee und Todtnau zur Haltestelle Feldberg/Hebelhof direkt auf der Passhöhe.

Gehzeiten
Hebelhof – Silberberg 1.30–1.45 Std., Silberberg – Herzogenhorn 1.30–1.45 Std., Herzogenhorn – Hebelhof 1 Std.

Einkehr
Restaurant Herzogenhorn, täglich ab 10 Uhr, www.herzogenhorn.info; Gastronomie auf der Feldberg-Passhöhe

Karte
Karte des Schwarzwaldvereins 1:25 000, W258 Titisee-Neustadt

Beste Jahreszeit
Mai bis Oktober

Informationen
Hochschwarzwald Tourismus GmbH, Tel. 07652/120 60, www.hochschwarzwald.de

Der Silberberg ist der markanteste Gipfel zwischen Todtnau und dem Herzogenhorn. Sein Name lässt schon erahnen, dass der Berg reich an Mineralien ist. Tatsächlich ist der Silberberg von mehreren, bis zu 1,20 Meter mächtigen Mineralgängen durchzogen, in denen Bleiglanz, Kupferkies und Silbererz enthalten sind.

Von der Wiese zum Silberberg Wir starten diese Tour beim Hebelhof nahe der Passhöhe des Feldbergs. Nach wenigen Schritten entlang der B 317 zweigen wir links auf den Feldbergpfad ab und erreichen sogleich die ❶ **Quelle der Wiese.** Beim Abzweig Hebelweg halten wir uns links, folgen der blauen Raute und kommen nach fünf Minuten an einem kleinen Wasserfall vorbei. Rund 150 Meter weiter wandern wir mit der blauen Raute scharf links hoch ins Quellgebiet des Bachs und rechts durch den Wald bzw. über mehrere Skipisten zur Schläglebach-Hütte. Wer den Abzweig verpasst, kann auch auf dem breiten Weg weiterlaufen und später links auf einen Pfad hoch zur Hütte abzweigen. Beide Varianten bieten eine schöne Aussicht über das Wiesental zur Südseite des Feldbergs. Über den Baumwipfeln ist der Feldbergturm gut zu erkennen.

Nach der Schläglebach-Hütte wechseln wir links vom Forstweg auf einen ansteigenden Pfad. Dieser führt uns erst auf die Westseite des Schläglebachkopfs (1314 m) zum ❷ **Ausblick Belchen,** dann bergan um den Schläglebachkopf zum Wolfsgrüble. Der Charakter der Tour ändert sich hier. Waren wir bisher auf aussichtsreichen und gut zu begehenden We-

Beim Wolfsgrüble ist Trittsicherheit von Vorteil.

Bergbau in Todtnau
· ·

Der Abbau größerer Mengen von silberhaltigen Erzen wurde im oberen Wiesental Mitte des 12. Jahrhunderts aufgenommen. Weil Silber damals so kostbar war wie es heute Gold ist, erlebten die Bergbauorte einen rasanten wirtschaftlichen Aufstieg. So erwarb die im Wiesental gelegene Stadt Todtnau 1288 gegen Zahlung von 100 Mark Silber (24 kg) das Recht, eine Pfarrkirche zu bauen. Wie groß die Bedeutung des Bergbaus für die Stadt war, ist auch am Wappen von Todtnau zu erkennen, das einen Bergarbeiter mit Fackel und Hammer zeigt.

gen und Pfaden unterwegs, erfordert die Passage über das Wolfsgrüble ein gesundes Maß an Trittsicherheit. Sobald der Wald wieder die Sicht zum Feldberg freigibt, haben wir aber das Gröbste geschafft.

Aussicht vom Silberberg über Todtnau zum Belchen

Herzogenhorn Weiter geht es über die Westflanke auf die Südseite des ❸ **Silberbergs** und, nach der nächsten Rechtskurve, zu einem breiteren Forstweg. Dort biegen wir links ab und folgen der blauen Raute über den Bernauer Kreuzweg zum ❹ **Bernauer Kreuz.** Bei der Schutzhütte wechseln wir auf den Nebenwanderweg (gelbe Raute) und wandern durch das idyllische Prägbachtal zur ❺ **Glockenführe.** Rechts ab nehmen wir zunächst den Westweg zur ❻ **Schwedenschanze** und gönnen uns den Abstecher zum ❼ **Herzogenhorn.** Die letzten 400 Meter bis zum Gipfel gehen in die Beine. Dann aber erreichen wir das große Gipfelkreuz und können das herrliche Panorama genießen: die benachbarten Berge des Schwarzwalds, im Süden die Alpen und im Westen die Vogesen. Anschließend kehren wir zur ❺ **Glockenführe** zurück, passieren ein Stück weiter das ❽ **Bundesleistungszentrum Herzogenhorn** und folgen dem Westweg zum Ausgangspunkt auf der Passhöhe.

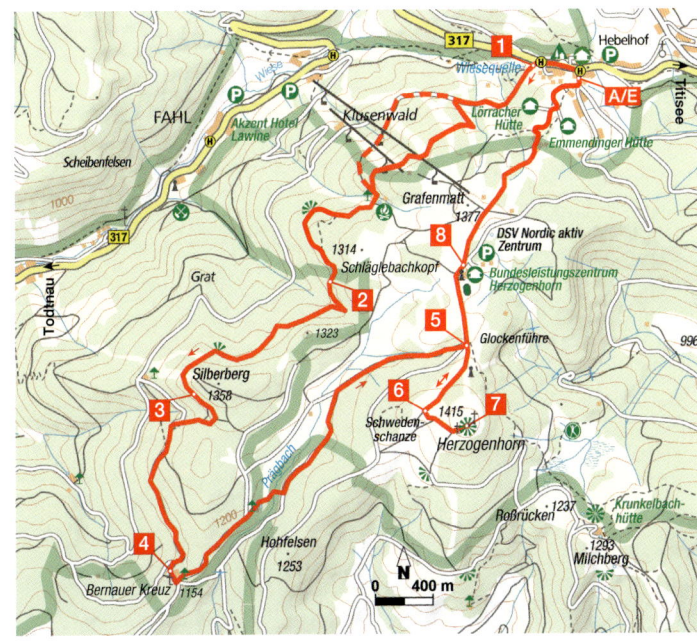

12

Mathisleweiher

Idylle zwischen Feldberg und Titisee

Leicht   12,5 km   220 Hm   3.45–4 Std.

Tourencharakter
Leichte Runde ohne technische
Anforderungen über Waldwege und
Forststraßen.

Ausgangs-/Endpunkt
Bahnhof/Kurhaus Hinterzarten,
885 m

Höchster Punkt
Hummelberg, 1066 m

Anfahrt
gps 47.90570, 8.10550
Von der B 31 Freiburg – Donaueschingen bei Hinterzarten abfahren, weiter über die Freiburger
Straße bis zum Kurhaus. Parkmöglichkeiten befinden sich an der
Bahnlinie.

Anfahrt mit Bus & Bahn
Es bestehen Bahn- und Bus-
verbindungen ab Freiburg,
Neustadt und Seebrugg nach
Hinterzarten.

Gehzeiten
Kurhaus – Häuslebauer 1.30–
1.45 Std., Häuslebauer – Mathisleweiher 0.45 Std., Mathisleweiher –
Kurhaus 1.30–1.45 Std.

Einkehr
Restaurant in der Ferienanlage
Erlenbruck, Montag und Samstagnachmittag geschlossen,
ansonsten von 11.30 bis 14.30
und ab 17.30 Uhr,
www.erlenbruck-hinterzarten.de

Karte
Karte des Schwarzwaldvereins
1:25 000, W258 Titisee-Neustadt

Beste Jahreszeit
Mai bis Oktober; von Dezember bis
Februar ist eine Variante als Win-
terwanderung möglich.

Informationen
Hochschwarzwald Tourismus
GmbH, Tel. 07652/120 60,
www.hochschwarzwald.de

Die Gemeinden Feldberg, Titisee und Hinterzarten zählen zu den bekanntesten Ferienorten im Schwarzwald. Entsprechend lebhaft geht es auf den Hauptwanderwegen zu. Abseits davon gibt es aber auch einige ruhige Ecken, in die sich nur wenige Wanderer verirren. Ein solches Eck ist der Mathisleweiher.

Mit Abstand Höhe gewinnen   Vom Ausgangspunkt am Kurhaus bzw. Bahnhof folgen wir zunächst dem Querweg Freiburg – Bodensee Richtung Löffeltal bis zum Wegweiser am ❶ Zartenbachweg. Dort biegen wir links auf den Nebenwanderweg ab, laufen dem Zartenbach bis »Schwefelmättle« entgegen und kommen, rechts ab, nach 200 Metern zum Wolfsgrund. Nach links wären es nur drei Kilometer bis zum Mathisleweiher. Wir aber wollen ja wandern. Also wechseln wir auf den ansteigenden (Pirsch-)Pfad in Richtung Herchenwald.
Nachdem der Pfad eine Kehrtwende beschreibt, lohnt sich ein Abstecher zum ❷ Kreuz Vincenz Zahn. Dieses erinnert an den Pfarrer Vincenz Zahn und eröffnet zudem eine schöne Sicht auf die Kirche Maria in der Zarten. Danach geht es auf demselben Pfad weiter bergan, bis er bei »Herchenwald« in eine Forststraße mündet. Wir halten uns links und er-

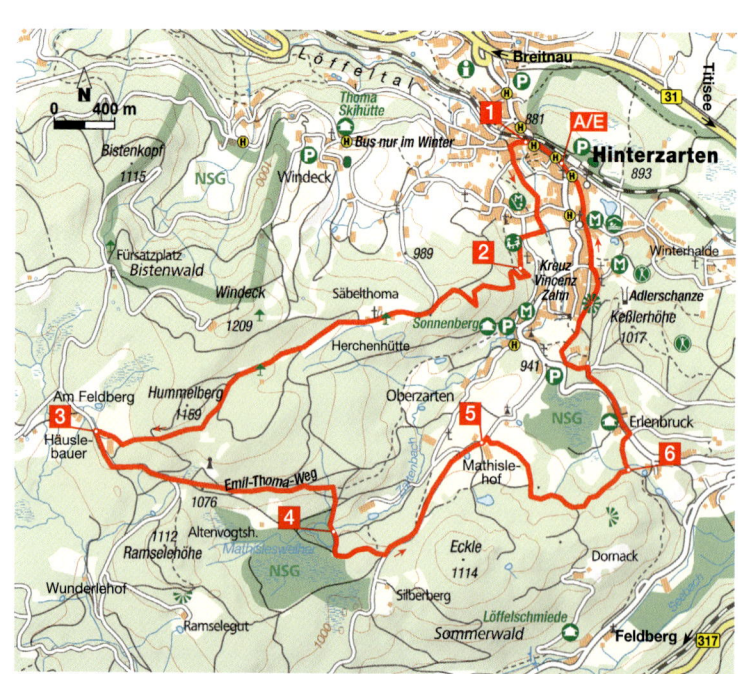

reichen bald den Wegweiser »Hugenberg«. Immer noch bergauf folgen wir der gelben Raute über die Lichtung bei Säbelthoma, überqueren zwischen Hummelberg (1174 m) und Stuckwald (1160 m) den höchsten Punkt dieser Tour und erreichen schließlich ❸ **Häuslebauer**.

Mathisleweiher Bevor wir links auf den Westweg abbiegen, lassen wir den Blick über die Gipfel vor uns schweifen. Denn während viele Wanderer den Feldberg nur vom Feldberger Hof oder dem Stübenwasen zu Gesicht bekommen, schauen wir hier aus nordöstlicher Richtung auf den »Höchsten«. Genau vor uns liegt der Baldenweger Buck (1460 m), der zweithöchste Gipfel des Feldbergs. Darunter sind die Baldenweger Hütte und das Naturfreundehaus zu sehen. Alles gefunden? Dann geht es auf dem Westweg bis zum Wegweiser »Stuckwald«. Von dort sind es rechts ab noch 500 Meter bis an den ❹ **Mathisleweiher**. Der idyllisch gelegene Weiher ist der schönste Platz für eine Rast.

Anschließend verlassen wir den See auf der anderen Seite und folgen der Beschilderung über »Dreiwege«, ❺ **Mathislehof** (dort rechts ab) und »Helmewald« zur ❻ **Ferienanlage Erlenbruck**. Das Restaurant der Anlage steht auch Wanderern offen, allerdings ist es am Samstagnachmittag beim Bettenwechsel geschlossen. 500 Meter weiter treffen wir bei »Hellblech« wieder auf den Querweg Freiburg – Bodensee, dem wir zurück nach Hinterzarten folgen. Ab dem Mathislehof ist eine beschilderte Abkürzung nach Hinterzarten möglich.

Blick vom »Vincenz-Zahn-Kreuz« auf Hinterzarten und die Kirche Maria in der Zarten

Feuchte Laubwälder bieten den Nährboden für allerlei Pilze.

Adler-Skistadion

In Hinterzarten befindet sich der Olympiastützpunkt der Ski-adler. Der Skiclub Hinterzarten bietet zwischen Mai und Ende September Führungen über die Schanzenanlage an. Weitere Infos dazu unter www.ski-club-hinterzarten.de.

13

Ravennaschlucht

Durch die Ravenna zum Piketfelsen

Tourencharakter
Der Aufstieg durch die felsige Ravennaschlucht ist stellenweise etwas glitschig; ansonsten bequem
zu laufende Tour auf meist breiten
Wegen mit schönen Aussichten.

Ausgangs-/Endpunkt
Wanderparkplatz beim Hofgut Sternen, 725 m

Höchster Punkt
Am Piketfelsen, 1040 m

Anfahrt
gps 47.91630, 8.07210
Von der B 31 Freiburg – Donaueschingen bei Höllsteig abfahren
und den Schildern zum Hofgut
Sternen folgen.

Anfahrt mit Bus & Bahn
Es bestehen Busverbindungen ab
Hinterzarten zur Haltestelle Höll-
steig/Hofgut Sternen.

Gehzeiten
Hofgut – Löffelschmiede 0.45 Std.,
Löffelschmiede – Kaiserwacht
1 Std., Kaiserwacht – Hofgut
1–1.15 Std.

Einkehr
Am oberen Ende der Ravennaschlucht bietet das Gasthaus Ketterer einfache Gerichte; am Ausgangspunkt Hofgut Sternen.

Karte
Karte des Schwarzwaldvereins
1:25000, W258 Titisee-Neustadt

Beste Jahreszeit
Mai bis Oktober

Informationen
Hochschwarzwald Tourismus GmbH
Tel. 07652/120 60,
www.hochschwarzwald.de

Neben dem breiten und verkehrsträchtigen Höllental wird die Ravennaschlucht leicht übersehen. Nicht aber von Wanderern. Sie lieben es, dem wild rauschenden Bächlein mit seinen vielen Kaskaden entgegenzulaufen. Gekrönt wird diese Tour mit einem Fernblick vom Piketfelsen.

Vom Kuckuck zum Ravenna-Fall Der Einstieg zu dieser kurzweiligen Wanderung befindet sich direkt beim Hofgut Sternen. Vom Wanderparkplatz unterhalb des Hotels spazieren wir zu einer der größten Kuckucksuhren im Schwarzwald – was in dem hübschen Gebäude wohl verkauft wird? –, passieren die hofeigene Glasbläserei und gelangen links vom Hauptgebäude zum Wegweiser »Höllsteig, Sternen«. Der Weg durch die Ravennaschlucht ist angeschrieben und mit einer gelben Raute gut markiert.
Einen Steinwurf vom Wegweiser entfernt unterquert der Wanderweg das 37 Meter hohe ❶ **Viadukt der Höllentalbahn**. Direkt hinter der Brücke schwenkt der Weg nach rechts, berührt das Ufer der Ravenna, nimmt dann aber einen kurzen Umweg an einem Forellenteich vorbei. Anschließend ist Trittsicherheit gefragt: Der Aufstieg durch die Schlucht erfolgt über ausgetretene Pfade, Treppen und Stege. Wo Holz als Baustoff verwendet wurde, gibt es oft glatte oder schmierige Stellen. Mit etwas Umsicht kommt man aber gut vorwärts und erreicht bald den ❷ **Großen Ravenna-Fall**. Für geländegängige Fotografen: Um einen besonders guten Blickwinkel auf die Kaskade zu bekommen, muss man den Wander-

**Im Jahr 1883 wurde die Großjocken-
mühle an der Ravenna erbaut.**

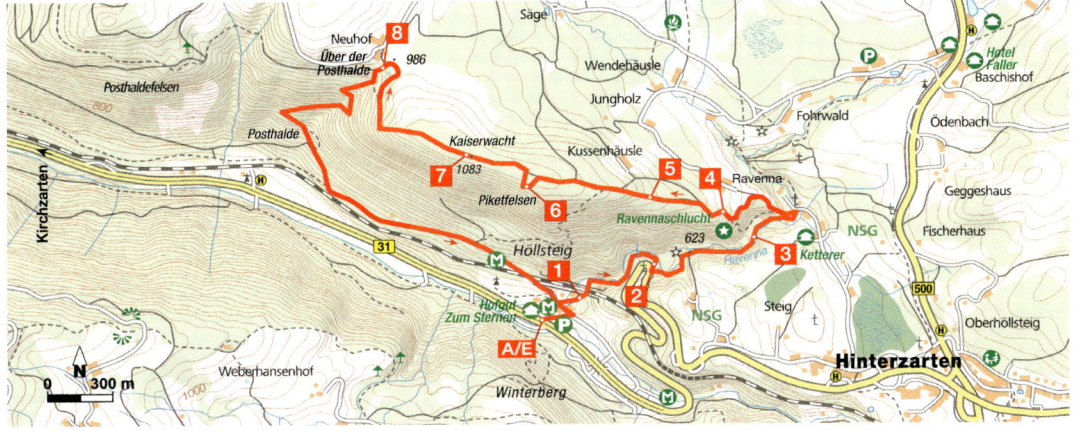

weg ein Stück unterhalb des Wasserfalls verlassen. Ein sicherer Abstieg ins Bachbett ist bei niedrigem Wasserstand möglich, erfordert aber absolute Trittsicherheit und geschieht daher auf eigene Gefahr.

Aufstieg zum Piketfelsen Oberhalb dieses Bilderbuch-Wasserfalls wechselt der Pfad die Seite der Ravenna und wird flacher. Die letzten Meter zur Lichtung bei der ❸ **Mittleren Ravenna** gleichen damit mehr einem Spaziergang als einer Wanderung. Auf dem Weg dorthin passieren wir die Großjockenhofmühle. Nach dem Gasthof Ketterer treffen wir beim Wegweiser zur Mittleren Ravenna auf den Querweg Freiburg – Bodensee. Auf diesem geht es links hinauf zum ❻ **Piketfelsen**.
Den Aufstieg zum bekannten Aussichtsfelsen unterbrechen wir gerne, um erst den ❹ **Blick nach Breitnau**, dann über das ❺ **Höllental** auf uns wirken zu lassen. Der mit Bänken ausstaffierte Piketfelsen ist nun der ideale Punkt für eine erste Rast. Anschließend folgen wir dem Querweg über ❼ **Kaiserwacht** bis zum Wegweiser ❽ **Über der Posthalde**, wechseln auf den Weg mit der gelben Raute und steigen über »Unter der Kaiserwacht« zum Ausgangspunkt beim Hofgut Sternen ab.

Im September und Oktober verzaubert die Herbstfärbung des Laubs den Wald oberhalb der Ravenna.

Großjockenmühle und Löffelschmiede

Die Großjockenmühle wurde 1883 errichtet und diente bis 1956 der Produktion von Mehl, Schrot und Futterkleie. Bis ins Jahr 1941 nutzte man die Mühle außerdem, um Maschinen auf dem 200 Meter entfernten Hof anzutreiben. Das Dach wurde 1977 neu verschindelt und vergrößert, um Wanderer vor Regen zu schützen. Das Mahlwerk ist noch betriebsfähig. Um es zu schonen, wird es aber nur noch selten vorgeführt. Wenige Meter flussaufwärts befindet sich der Standort einer ehemaligen Löffelschmiede. Sie wurde 1832 erbaut und besaß vier Schmiedehämmer und eine Mahlmühle.

14

Heiligenbrunnen

Wälder und Aussichten bei Breitnau

Leicht   15,5 km   400 Hm   4.30–5 Std.

Tourencharakter
Bequeme Wanderung über breite
Wege, in den offenen Bereichen
auf asphaltierten Hofzufahrten, im
Wald auch über Pfade; gleichmä-
ßige Anstiege ohne technische Anforderungen.

Ausgangs-/Endpunkt
Parkplatz in Ödenbach, 927 m

Höchster Punkt
Fahrenhalde, 1174 m

Anfahrt
gps 47.92680, 8.09220
Von der B 31 Freiburg – Donaueschingen bei Hinterzarten auf die
B 500 Richtung Triberg abfahren,
beim Baschihof nach Ödenbach
abbiegen und weiter bis zum
Wanderparkplatz beim Schützen-
haus.

Anfahrt mit Bus & Bahn
Es bestehen Busverbindungen ab
Hinterzarten, Kirchzarten und
Thurner Breitnau/Hotel Faller.

Gehzeiten
Ödenbach – Heiligenbrunnen
1.15 Std., Heiligenbrunnen – Dietschenberg 0.45 Std., Dietschenberg – Fahrenberger Höhe 1.15–
1.30 Std., Fahrenberger Höhe –
Ödenbach 1.15–1.30 Std.

Einkehr
Gasthaus Heiligenbrunnen,
www.heiligenbrunnen.de;
Wanderheim Berghäusle,
www.berghaeusle-wanderheim.de

Karte
Karte des Schwarzwaldvereins
1:25 000, W258 Titisee-Neustadt

Beste Jahreszeit
April bis Oktober

Informationen
Hochschwarzwald Tourismus
GmbH, Tel. 07652/120 60,
www.hochschwarzwald.de

Touristisch gesehen steht der Luftkurort Breitnau etwas im Schatten der Ferienorte rund um den Feldberg. Genau das macht die in weiten Teilen offene Hochebene so sympathisch. Ruhe, malerisch gelegene Bauernhöfe und Kapellen sowie die Aussichten zum »Höchsten« sind nur ein paar der Gründe, warum Wanderer die Gemeinde lieben lernen.

Über den Baschihof zum Heiligenbrunnen Vom Wanderparkplatz in Ödenbach laufen wir vom Bauhof an die B 500. Nahe der weit sichtbaren ❶ **Baschihof-Kapelle** überqueren wir die Bundesstraße und steigen auf der schmalen Straße gegenüber zum Waldrand an. Dort biegen wir rechts ab und folgen der gelben Raute erst durch den Wald, dann über offene Wiesen zum Steiertenhäusle. Beim nächsten Wegweiser geht es links über die Wiese bis zum »Zehntwald«. Je nach Jahreszeit ist der grasbewachsene Wanderweg mal besser, mal schlechter zu sehen. Eine am Waldrand aufgestellte Bank hilft jedoch bei der Orientierung.
Wo der Pfad in einen Forstweg mündet, biegen wir rechts nach Winterhalden ab und durchqueren den Fichtenforst. Wo der Wanderweg auf die Zufahrt vom Mohlerhäusle trifft, geht es rechts ein kurzes Stück über die Straße, eh wir links auf einen Pfad wechseln und bergan entlang eines

Die Kapelle Heiligenbrunnen ist der Heiligen Notburga gewidmet.

kleinen Bachs durch ein ebenfalls kleines Waldstück kommen. Wenige Meter oberhalb
erreichen wir schließlich die
Heiligenbrunnenstraße, der
wir rechts über die aussichtsreiche Höhenlage zur **❷ Kapelle Heiligenbrunnen** folgen.

**Die Schutzheilige der Gebären-
den** Die Kapelle hat mit der
Jungfrau Maria, der Jungfrau
und Märtyrerin Margaretha
und der Witwe Notburga drei
Schutzheilige. Bei der heiligen
Notburga soll es sich laut einer
Sage um eine Königin aus
Schottland handeln, die nach
dem frühen Tod ihres Mannes
nach Süddeutschland floh, wo
sie bei Bühl in einem einzigen

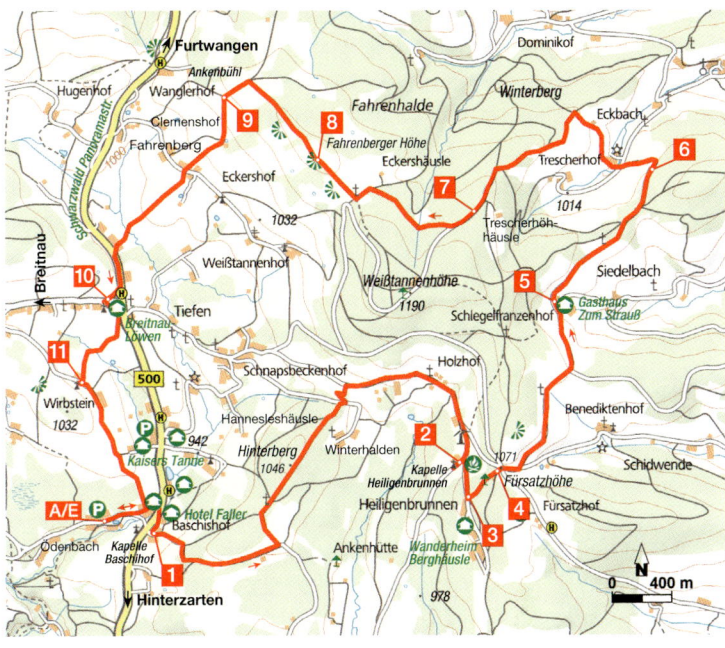

Geburtsakt neun Kinder zur Welt brachte. Da es bei ihrem Versteck kein Wasser
gab, sie aber ihre Kinder baden und taufen musste, befahl sie ihrer Dienerin, mit
ihrem Stab an einen Stein zu schlagen. Augenblicklich begann eine Quelle aus dem
Felsen zu sprudeln, sodass sie acht ihrer Kinder taufen konnte. Ein neuntes war
gleich nach der Geburt gestorben. Das Wunder machte bald die Runde, sodass immer mehr Menschen zu der Quelle pilgerten. Doch mit der Zahl der Pilger nahmen
Zank und Streit um das kostbare Wasser zu. Notburga soll deshalb mit ihren Kin-

**Oberhalb von Breitnau
machen gemütliche
und aussichtsreiche
Wege das Wandern
zum Erlebnis.**

dern weitergezogen sein, und an der Stelle, wo heute der Heilige Brunnen aus der Erde sprudelt, das Wunder wiederholt haben. Heute wird die heilige Notburga als Schutzheilige der Gebärenden verehrt. Die in der Grotte des Brunnens aufgestellte Figur ist nicht ihr, sondern der heiligen Margaretha gewidmet.

Zeit zum Einkehren   Gleich nebenan lädt das Gasthaus Heiligenbrunnen zu einer Pause ein. Die Küche bietet sowohl regionale Spezialitäten – Vesperplatten, das Schwarzwälder Kirschensteak und frische Forellen – als auch eine gute Auswahl an Suppen, Salaten und vegetarischen Gerichten an. Im Gasthaus ist außerdem der Schlüssel für die Kapelle hinterlegt. Ansonsten geht es zurück zum nahen Wegweiser und dort rechts ab in Richtung ❸ **Wanderheim Berghäusle**. Besonders stolz ist man hier auf die Schwarzwälder Kirschtorte aus eigener Produktion. Im Herbst 2013 hat das Team hierfür einen Backofen angeschafft und sich in einer Konditorei zeigen lassen, wie eine Schwarzwälder Kirschtorte am besten gelingt. Wenige Meter vor dem schön gelegenen Wanderheim treffen wir auf den Westweg, dem wir links auf die ❹ **Fürsatzhöhe** folgen. Dort biegen wir rechts auf die Straße »Schildwende« und nur wenige Schritte weiter links nach Dietschenberg ab. Der Wanderweg führt am ❺ **Gasthaus Zum Strauß** vorbei, welches im Herbst 2013 allerdings auf »vorerst unbestimmte Zeit« geschlossen wurde. Informationen dazu sind auf der Seite www. gasthaus-strauss.de zu finden. Leider verläuft auch dieser Abschnitt der Wanderung über eine asphaltierte Straße. Da so ziemlich jeder Hof im Hochschwarzwald – sei er

Saftig-grüne Weiden und sanft geschwungene Kuppen kennzeichnen die Anhöhe von Breitnau.

noch so entlegen – auf diese Weise erschlossen ist, müssen wir dies aber in Kauf nehmen. Zur Versöhnung bietet der Weg zwischen der Fürsatzhöhe und dem Dietschenberg schöne Aussichten über die Täler von Schildwenderbach und Siedelbach zu den weiter östlich gelegenen Höhen.

Direkt an der B 500 zieht die Baschi-hof-Kapelle die Blicke auf sich.

Über die Höhen zurück nach Ödenbach Nachdem wir einen weiteren Waldstreifen durchquert und den ❻ **Dietschenberg** an seiner Westseite passiert haben, folgen wir dem Wanderweg durch das Eckbachtal über »Beim Winterwald« zum ❼ **Trescherhöhhäusle**. Rechts ab ist es nur ein Steinwurf bis zum Wegweiser »Im Treschenwald«. Ab dort folgen wir der Beschilderung des Nebenwanderwegs durch den Wald bis »Beim Eckershäusle«, wo wir erneut auf den Westweg treffen. Diesmal wandern wir auf dem ältesten Fernwanderweg im Schwarzwald bis zur ❽ **Fahrenberger Höhe**. Links ab führt der Wanderweg über ❾ **Ankenbühl** und den Mathislehof hinunter ins Ödenbachtal. Nachdem der Wanderweg den Bach kreuzt, steigt er wieder ein Stück an und kreuzt wenige Meter nördlich vom Konradenhof die B 500. Jenseits der Bundesstraße kommen wir über Breitnau-Dorfstraße und den ❿ **Breitnau-Löwen** zum ⓫ **Abrahamenhof**. Die Kapelle oberhalb davon ist einen Abstecher wert. Anschließend folgen wir dem Wanderweg über »Am Wirbstein« zurück nach Ödenbach, wo diese schöne Runde endet.

Mittlerer Schwarzwald

Malerischer Ausblick über die Wiesen oberhalb vom Ibental (gr. B.). Ausblick über die Kuppen im mittleren Schwarzwald (u. l.); Aufstieg auf den Hornberger Schlossfelsen (o. r.); Hinterwälder Rinder gelten als friedfertig – und neugierig (u. r.).

15

Ibental

Zur Wallfahrtskirche Maria Lindenberg

Leicht   11,2 km   420 Hm   3.30–4 Std.

Tourencharakter
Schweißtreibender Anstieg hoch
zur Kirche Maria Lindenberg, ansonsten leichte Runde über breite
Wege und entlang befahrener Straßen auf der ersten Hälfte, sowie
auf Waldwegen und Pfaden beim
Abstieg zum Endpunkt.

Ausgangs-/Endpunkt
Parkplatz Gummenbach, 430 m

Höchster Punkt
Maria Lindenberg, 735 m

Anfahrt
gps 47.9726, 8.0000
Von der B 31 Freiburg – Donaueschingen bei Buchenbach auf die
L 128 abfahren, noch vor Buchenbach links über die Burger Straße,
dann rechts über Ibentalstraße bis
Wickenhof, bei der Siedlung rechts
zum Wanderparkplatz abbiegen.

Anfahrt mit Bus & Bahn
Es bestehen Busverbindungen ab
Freiburg zur Haltestelle Unteriben-
tal/Wickenhof.

Gehzeiten
Gummenwald – Gasthaus Hirschen
1 Std., Hirschen – Lindenberg
1.15 Std., Lindenberg – Gummenwald 1.15–1.45 Std.

Einkehr
Gasthaus Hirschen, ab 11 Uhr,
Dienstag Ruhetag, Tel. 07661/98
11 90, www.hirschen-wirtshisli.de

Karte
Karte des Schwarzwaldvereins
1:25 000, W247 Freiburg

Beste Jahreszeit
März bis Mitte November

Informationen
Touristinformation Dreisamtal,
Tel. 07661/90 79 80,
www.dreisamtal.de

Die zwei wichtigsten Verkehrsachsen von Freiburg in den Schwarzwald führen durch das Höllental oder das Glottertal. Weitgehend unbekannt ist hingegen das Ibental zwischen diesen beiden Tälern. Es bietet eine Ruhe und Idylle, die so nah vor den Toren Freiburgs überrascht.

Wechselbad der Gefühle   Der Startpunkt befindet sich zwischen einem Landschaftsbaubetrieb und dem Sportplatz Gummenwald. Vom großzügig angelegten Parkplatz laufen wir am Spielfeld vorbei zur ❶ **Gummenwaldhütte**. Hier biegen wir links ab und folgen der gelben Raute an einer Kuhweide vorbei zum Wegweiser ❷ **Leistmacherhof**. Schade: Ab hier führt der Wanderweg rechts ein Stück die Ibentalstraße entlang. Wir folgen dem Fußweg entlang der Straße über den Wegweiser Sommerbühlweg. Früher verlief jenseits des Ibenbachs ein Waldlehrpfad. Weil dieser wegen abgehender Buchen gesperrt wurde, wandern wir geradeaus weiter zur ❸ **Unteribentaler Hofackersiedlung**. Ab der Siedlung sind dann nochmals 450 Meter entlang der Ibentalstraße zurückzulegen. Dem Titel entsprechende Pfade bleiben uns auf diesem Teilstück verwehrt. Die Aussicht über das sanft geschwungene Tal hinauf zur Wallfahrtskirche

**Gleitschirmfliegerin
am Lindenberg**

Zwischen Zäunen bahnt sich der Wanderpfad seinen Weg durch die herrliche Landschaft zwischen Ibental und dem Lindenberg.

Maria Lindenberg entschädigt uns dafür. Zum Glück geht es bei der Zufahrt zum Haus Nr. 26 im rechten Winkel weg von der Straße an den Waldrand.

Kartoffeln aus dem Wald Vor dem Haus wechseln wir links auf einen ansteigenden Waldpfad. Er bildet die Fortsetzung des Waldlehrpfads und führt durch ein ehemaliges ❹ **Reutfeld**, eine Fläche, auf welcher der Laubholzbestand aus Eiche, Buche und Haselnuss alle 10 bis 15 Jahre komplett abgeholzt wurde. Das Reisig wurde auf dem Reutfeld zur Aschendüngung verbrannt. In den ein bis zwei folgenden Jahren baute man Kartoffeln und Getreide zwischen den Stöcken an. Danach entwickelte sich aus den Stockausschlägen ein neuer Wald. Im späten Mittelalter war diese Art der Bewirtschaftung im Schwarzwald weit verbreitet.

Wo der Pfad in einen Forstweg mündet, biegen wir links ab, verlassen den

Die Wallfahrtskirche Maria Lindenberg

breiten Weg nach 60 Metern aber schon wieder und folgen dem nächsten Waldpfad zum ❺ »Wirtshisli Hirschen«. Das urige Gasthaus ist bekannt für seine Kombination aus badischer Küche und Schwarzwälder Gastlichkeit. Vom Hirschen folgen wir der gelben Raute entlang des Ibenbachs zur ❻ **Josef-Maier-Kapelle beim Gallihof**. Bei dem kleinen Gotteshaus lohnt es sich, kurz innezuhalten, was in diesem Fall auch bedeutet, sich innerlich auf den Aufstieg zur Wallfahrtskirche einzustellen.

Frauenbrunnen und Maria Lindenberg Tatsächlich gewinnen wir auf den nächsten zweieinhalb Kilometern ca. 260 Meter an Höhe. Der in Serpentinen verlaufende Weg eröffnet einem dafür immer weitere und schönere Aussichten über das Ibental zum Winterkapf (796 m) und Kappeneck (701 m) sowie nach Süden über den Frauensteigfels zum Häusleberg (1001 m), Roteck (1156 m) und Hinterwaldkopf (1198 m). Zugleich bietet der weitgehend baumfreie Südhang des Lindenbergs optimale Voraussetzungen fürs Gleitschirmfliegen.

Auf halber Höhe lädt beim ❼ **Frauenbrunnen** ein schattiger Platz zum Verweilen ein. Um das Jahr 1500 soll bei der Quelle die Muttergottes einem Hirtenbuben des Gallibauern erschienen sein und ihm aufgetragen haben: »Gehe hin und sage deinem Meister, es sei mein Wille, dass er mir eine Kapelle erbaue.« Die Marienerscheinung begründete den ersten Kapellenbau auf dem Lindenberg. Oberhalb des Brunnens sind es noch zwei Kehrtwenden bis zum Wegweiser »Kreuzweg« und von dort nur noch 400 Meter zur ❽ **Wallfahrtskirche Maria Lindenberg**. Einen Katzensprung weiter befindet sich die Pilgergaststätte Lindenberg. Der anstrengendste Teil dieser Wanderung ist damit geschafft.

Neue Aussichten auf alten Pfaden Anschließend kehren wir zum Wegweiser »Kreuzweg« zurück. Der Abstieg nach Unteribental erfolgt über die ❾ **Schwärzlehofkapelle** und Klingeleberg. Planen Sie für dieses Teilstück etwas mehr Zeit ein, die Aussichten von den Lichtungen auf die umliegenden Täler sind herrlich; Bänke laden zum Verweilen ein. Beim Klingeleberg verzweigt sich der Pfad. Wir halten uns links und steigen auf dem Kapellenweg über das Jägerhofkreuz und die ❿ **Schneiderhofkapelle** bis ⑪ **Beim Bildstöckle** ab. Neben der mit Holz umkleideten Kapelle verführen gleichsam weitere Bänke, diesmal mit Blick ins Dreisamtal, zu einer Rast.

Weiter geht es auf schmalen Waldpfaden über ⑫ **Hauriwald** nach Wickenwald. Ab dem Wegweiser »Wickenwald« folgen wir der gelben Raute zunächst über den breiten Weg oberhalb einer Weide, dann über zum Teil abschüssige Pfade hinunter zur Wickenhofsiedlung. Unten angekommen, treffen wir einen alten Bekannten: die Ibentalstraße. Wer mit dem Bus angereist ist, biegt rechts zur Haltestelle ab. Alle anderen halten sich links, überqueren 100 Meter weiter am Haurihofweg die Kreisstraße und kehren auf der Zufahrt vom Sportplatz zum Parkplatz Gummenwald zurück. Hier sind wir uns dann sicher einig: Die Passagen auf der Straße werden durch die schönen Aussichten mehr als wettgemacht.

Der Frauenbrunnen geht auf eine Marienerscheinung zurück.

16 Balzer Herrgott

Über die mystische Buche zum Mörderloch

Mittel · 13,5 km · 620 Hm · 4.30–5 Std.

Tourencharakter
Die Wanderung beginnt und endet mit deutlichen Anstiegen zum Wanderparkplatz Balzer Herrgott bzw. durch die Teichschlucht. Der Abstieg vom Balzer Herrgott zur Hexenlochmühle verläuft über einen leicht abschüssigen Pfad.

Ausgangs-/Endpunkt
Gütenbach/Felsenkeller, 840 m

Höchster Punkt
Parkplatz Balzer Herrgott, 960 m

Anfahrt
gps 48.04320, 8.13430
Von der B 500 Hinterzarten – Triberg südlich von Furtwangen oder von der B 294 Freiburg – Haslach bei Gutach im Breisgau auf die L 173 abfahren, weiter auf der Landstraße bis Gütenbach. Der kleine Wanderparkplatz befindet sich direkt an der Landstraße.

Anfahrt mit Bus & Bahn
Es bestehen Busverbindungen ab Waldkirch und Furtwangen zur Haltestelle Gütenbach/Maierhof.

Gehzeiten
Gütenbach – Balzer Herrgott 1 Std., Balzer Herrgott – Hexenlochmühle 1 Std., Hexenlochmühle – Mörderloch 1.15 Std., Mörderloch – Gütenbach 1.15–1.45 Std.

Einkehr
Hexenlochmühle, ab 10 Uhr, www.hexenlochmuehle.de

Karte
Karte des Schwarzwaldvereins 1:25000, W248 Furtwangen

Beste Jahreszeit
Mai bis Oktober

Informationen
Ferienland im Schwarzwald GmbH Tel. 07722/86 08 31, www.dasferienland.de

---

Es gibt wohl kaum einen Platz im Schwarzwald, der den Begriff »mystisch« besser verkörpert als die Lichtung beim Balzer Herrgott. Selbst diejenigen Wanderer, die mit Religion wenig am Hut haben und Kirchen meist nur von außen kennen, umfängt der Ort mit seiner besonderen Stimmung. Lassen auch Sie sich verzaubern!

Morgenstund hat Gold im Mund Wenn es einen Wanderparkplatz im Mittleren Schwarzwald gibt, auf den diese Volksweisheit zutrifft, dann auf jenen am Felsenkeller von Gütenbach. Je nach Geschick der Fahrer bietet er nur fünf bis acht Fahrzeugen Platz. Auch sonst sind Parkmöglichkeiten in dem steil bebauten Erholungsort rar gesät. Ein früher Auf-

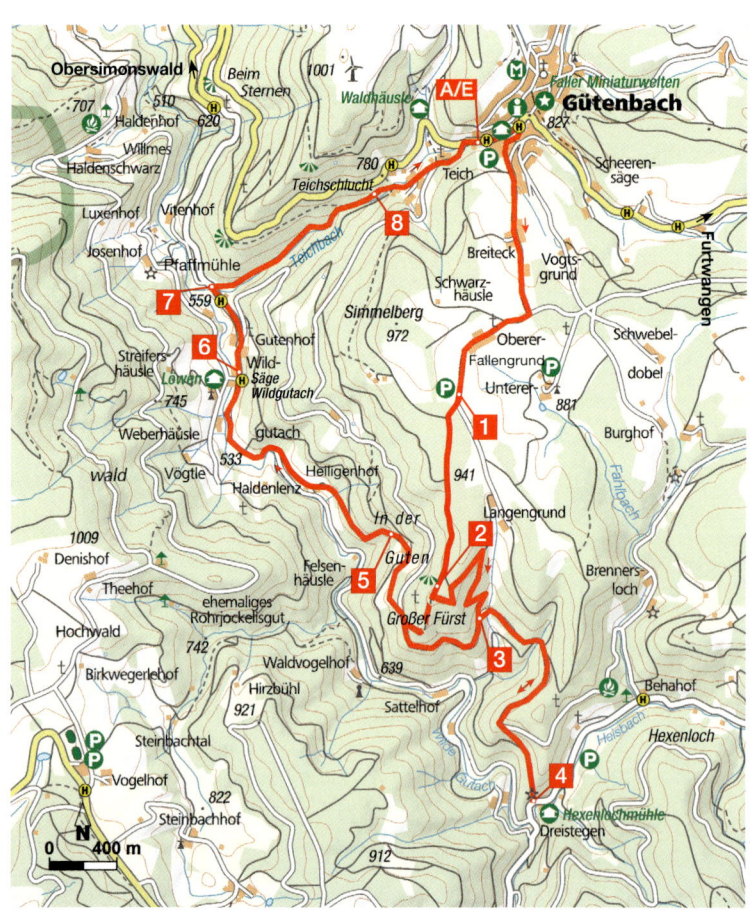

Oberhalb der Wild-
gutach wird der Hof
am Mörderloch heute
als Ferienanlage
genutzt.

bruch ist damit der beste Rat, den Wanderer beherzigen sollten. Ansonsten gibt es ja immer noch den Bus.

Vom Felsenkeller geht es zunächst entlang der Durchgangsstraße bzw. auf dem Querweg Schwarzwald – Kaiserstuhl – Rhein zum Breiteckweg. Auf dem kurzen Stück passieren wir das Gasthaus Maierhof. Dort rechts abbiegen und über die schwach befahrene Stichstraße hoch zum Wegweiser »Fallengrund« gehen. Bis zu der Anhöhe sind einige Höhenmeter zu leisten. Dafür lohnt es sich, gelegentlich zurückzuschauen und den Blick über das tief im Tal gelegene Gütenbach hinweg zum Gegenhang wandern zu lassen.

Der Balzer Herrgott
wird von der Buche
fest umklammert.

Der Balzer Herrgott Auf der Anhöhe angelangt, biegen wir rechts ab und wandern oberhalb der Fallengrund-Wiesen und des Quellgebiets des Fahlbachs zum ❶ **Wanderparkplatz Balzer Herrgott**. Wer in

Balzer Herrgott

Laut der Überlieferung stammt der Balzer Herrgott vom Köningenhof im Wagnerstal. Als eine Schneelawine den Hof 1844 zerstörte, sollen auch die Arme der Kreuzfigur abgebrochen sein. Junge Burschen trugen den Torso durch den Wald und legten ihn am heutigen Standort ab. Um 1900 befestigten zwei Uhrmacher den Torso an der Buche. Der wachsende Baum umfing mit der Zeit die Christusfigur immer weiter, bis nur noch der Kopf sichtbar war. Schließlich legte der Schnitzer Josef Rombach den Kopf wieder frei, sodass Wanderer dieses Naturdenkmal auch heute noch bewundern können. Der Name »Balzer Herrgott« weist auf einen alten Balzplatz der Auerhähne hin, den es bei der Buche einst gegeben haben soll.

Über zahlreiche Kaskaden rauscht der Teichbach ins Tal.

Gütenbach keinen Parkplatz gefunden hat, hat hier weitere Parkmöglichkeiten, muss dann aber einen doppelt so langen Anstieg zum Ende der Tour in Kauf nehmen. Für die nächsten paar Meter haben wir die Wahl: Entweder bleiben wir auf der asphaltierten Straße und biegen dann links zum Balzer Herrgott ab, oder wir wählen den mit Wurzeln überwucherten Pfad direkt am Waldrand. In beiden Fällen geht es nach 140 Metern links ab zum ❷ **Balzer Herrgott**.

Nach einer Viertelstunde haben wir den von einer Rotbuche umklammerten Bildstock erreicht (siehe Infokasten). Nachdem der Torso der Christusfigur freigeschnitten wurde, hat sich die Lichtung vor dem mächtigen Laubbaum zu einem Ort der Ruhe und Besinnung gewandelt. Im Halbrund laden mehrere Bänke zum Verweilen ein. Diese werden natürlich auch gerne genutzt, um sich bei einer Kleinigkeit zu stärken, insgesamt aber scheinen sich alle Besucher einig zu sein, dass es hier ruhig zuzugehen hat. Während über uns die Buchfinken trillern, wird vor der Buche nur im Flüsterton gesprochen. Lassen Sie die Stimmung auf sich wirken, bevor Sie die Runde fortsetzen.

Hexenloch oder Mörderloch? Vor dem Abstieg haben wir wieder die Wahl. Wer nur eine kurze Runde wandern möchte, kann vom Balzer Herrgott bzw. dem Ende der Lichtung direkt zum ❺ **Mörderloch** hinuntersteigen. Wer aber die Wanderung mit einer Einkehr kombinieren möchte, wählt den weniger auffallenden Pfad gegenüber der Rotbuche. Doch aufgepasst: Nach ca. 270 Metern zweigt der Wanderweg rechts ab. Es gibt zwar eine Wegmarkierung (gelbe Raute). Diese ist aber so angebracht, dass man sie leicht übersieht. Wer geradeaus weiterläuft, erreicht bald eine Bergwiese, sieht vor sich einen alten Hof und weiß spätestens dann, dass er umkehren muss.

Über teils abschüssige Serpentinen geht es dann hinab bis zu einem breiten Forstwirtschaftsweg. Dort biegen wir links ab und erreichen nach 2,2 Kilometern (ab Balzer Herrgott) den Wegweiser ❸ **In der Guten**. Rechts ab sind es bis zum beliebten Ausflugslokal der ❹ **Hexenlochmühle** noch 800 Meter. Die Mühle ist bekannt für zwei funktionstüchtige Mühlräder und ihre original Schwarzwälder Spezialitäten. Gut gestärkt geht es anschließend auf demselben Weg zurück. Wo der Pfad hoch zum Balzer Herrgott abzweigt, bleiben wir allerdings die nächsten 700 Meter auf dem Forstweg. Nachdem dieser in einer Rechtskurve eine offene Felspartie passiert, zweigen wir bei der nächsten Weggabelung links ab und befinden uns damit auf dem Weg, der offiziell vom Balzer Herrgott hinunter zum ❺ **Mörderloch** führt. Wo sich 150 Meter weiter die Sicht über das Tal der Wilden Gutach öffnet, ist dieses dann auch schon zu sehen.

Wem das Mörderloch seinen Namen verdankt, ist ungewiss. Allgemein wird angenommen, dass es sich um eine Schanze handelt, die von den Bewohnern Neukirchs

und Gütenbachs 1677/78 zur Abwehr französischer Soldaten angelegt wurde. Von dieser Schanze aus soll ein französischer Trupp bei seinem Raubzug im Abwehrfeuer der Bauern aufgerieben worden sein. Andere Überlieferungen berichten indes von Glas- und Uhrenträgern, die hier erschlagen worden sein sollen. Heute steht ein alter Bauernhof am nördlichen Ende dieser idyllischen Lichtung, den der TSV Alemannia Freiburg-Zähringen zu einem beliebten Ferienheim ausgebaut hat.

Blick über das tief eingeschnittene Wildgutachtal

Finale in der Teichschlucht Vom Wegweiser folgen wir der gelben Raute nach Wildgutach, passieren damit den Hof auf der Talseite und wandern durch den Heiligenwald hinunter ins Tal. An der Wilden Gutach angekommen, führt uns der Wanderweg rechts über die enge und deshalb kaum befahrene Kreisstraße nach Wildgutach. Weiter geht es über die ❻ **Säge Wildgutach** zur ❼ **Pfaffmühle.** Hier treffen wir wieder auf den Querweg Schwarzwald – Kaiserstuhl – Rhein und außerdem auf den Zweitälersteig. Auf diesen biegen wir scharf rechts ab und laufen um die historische Mühle herum in die ❽ **Teichschlucht.**
Beim Aufstieg durch die Schlucht lohnt es sich, ab und zu stehen zu bleiben und den Blick über das Wasser schweifen zu lassen. Mit etwas Glück sieht man eine Wasser-

Im Frühjahr verzaubert Sauerklee an vielen Stellen den Waldboden.

amsel, die im Bach jagt oder zu ihrem Nest fliegt. Ebenfalls schön anzuschauen und sehr viel einfacher zu finden ist im Frühling der Sauerklee. Die anspruchslosen Pflanzen bilden Teppiche auf und zwischen den Felsen der Teichschlucht. Doch auch im Sommer, wenn sich das Blätterdach der Bäume geschlossen hat, und im Herbst hat die Teichschlucht ihren Reiz. Für uns jedenfalls ist es ein schöner Abschluss, bevor man 270 Meter höher wieder am Ausgangspunkt in Gütenbach angelangt ist.

17 Blindensee

Einfach nur traumhaft

Mittel · 8 km · 120 Hm · 2.30 Std.

Tourencharakter
Sehr leichte Wanderung mit nur geringen Steigungen, auch im Winter bei Frost und niedriger Schneedecke reizvoll.

Ausgangs-/Endpunkt
Naturfreundehaus Küferhäusle, 960 m

Höchster Punkt
Anhöhe oberhalb Weißenbach, 1025 m

Anfahrt
gps 48.11710, 8.19110
Von der B 500 Titisee-Neustadt – Triberg nördlich von Schönwald nach Schwarzenbach abbiegen, der Straße bzw. den Schildern zum Küferhäusle folgen.

Anfahrt mit Bus & Bahn
Die nächste Bushaltestelle befindet sich in Schönwald (Ortsmitte). Von dort sind es rund 1,7 km über Bourg-Achard-Straße, Friedhofstraße und Rüttwald bis zum Weißenbacher Talblick.

Gehzeiten
Küferhäusle – Blindensee 0.45 Std., Blindensee – Weißenbacher Höhe 1 Std., Weißenbacher Höhe – Küferhäusle 0.45 Std.

Einkehr
Naturfreundehaus Fr. ab 14 Uhr, Sa./So. ab 11 Uhr, www.kueferhaeusle.de; am Blindensee schön gelegene Bänke

Karte
Karte des Schwarzwaldvereins 1:25 000, W248 Furtwangen

Beste Jahreszeit
Wanderung das ganze Jahr über gut möglich

Informationen
Ferienland im Schwarzwald GmbH, Tel. 07722/86 08 31, www.dasferienland.de

Das 28 Hektar große Gebiet um den Blindensee zählt zu den ersten Mooren, die im Mittleren Schwarzwald unter Naturschutz gestellt wurden. Seit 1960 kann sich die Natur hier ungestört entwickeln. Für Wanderer wurde ein Holzsteg durch das Moor angelegt. Er ermöglicht uns herrliche Einblicke in diesen empfindlichen Lebensraum.

Vergangener Hof Der Name Küferhäusle leitet sich vom Handwerk der Küfer ab, die Fässer, Kübel (Küfe) und Eimer aus Holz herstellten. Ob im Wanderheim Küferhäusle früher tatsächlich Fässer gebunden wurden, ist ungewiss. Ein schöner Ausgangspunkt der Wanderung ist das am Waldrand gelegene Gasthaus aber allemal. Der Einstieg in die Wanderung befindet sich an der linken Seite des Parkplatzes vom Wanderheim. Von hier folgen wir der gelben Raute in den Wald. Nach 1,8 Kilometern bie-

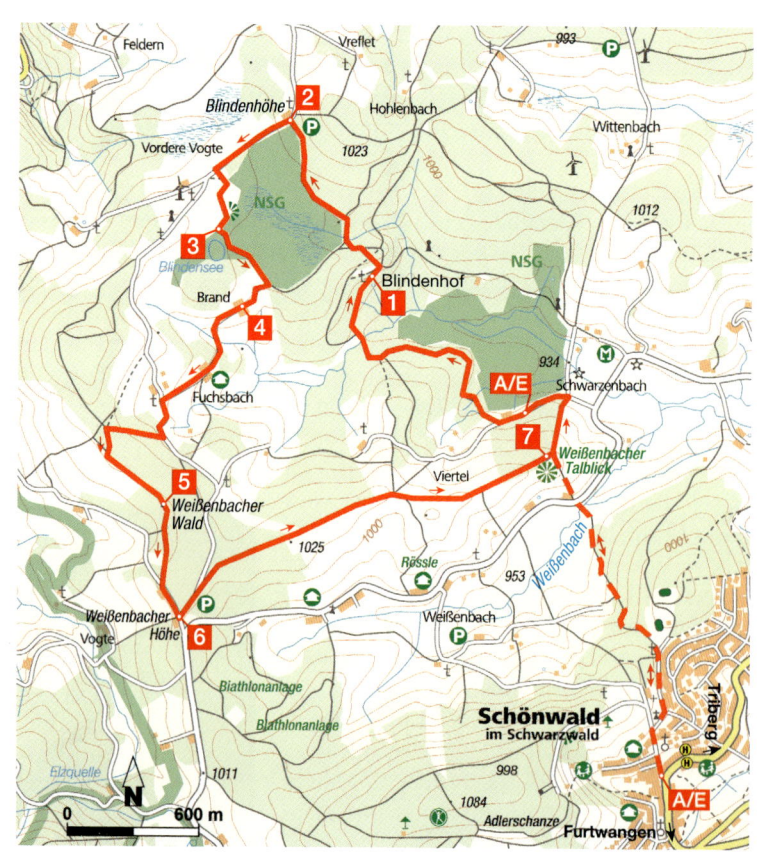

Blindensee

Das 28 Hektar große Gebiet um den Blindensee wurde als eines der ersten Moore im Mittleren Schwarzwald unter Naturschutz gestellt. Als Besonderheit wurden die Moore am Blindensee weder entwässert noch im größeren Umfang zur Torfgewinnung genutzt. Das macht das Gebiet für viele seltene und hoch spezialisierte Pflanzen- und Tierarten zu einem wichtigen Lebensraum.

gen wir beim Wegweiser erst links zum ❶ **Blindenhof**, 200 Meter weiter rechts zur Blindenhöhe ab.

Einer Sage nach verdankt der Blindenhof seinen Namen einem Fluch. Weil die Frau des Bauern nur Mädchen gebar, soll der Bauer Gott und Teufel angerufen haben. Diese sollten ihm einen Knaben und damit Hoferben schenken, selbst wenn dieser blind auf die Welt käme. So kam es, und auf dem Hof wurde ein blinder Junge geboren. Den Bauern soll dies nicht weiter beunruhigt haben. Schließlich war die Fa-

Der Blindensee bietet sowohl im Sommer (oben) als auch im Winter (unten) ein lohnendes Wanderziel.

Ein Holzbohlenweg schützt die empfindliche Moorvegetation vor Trittschäden.

milie so reich, dass sich der Junge später genug Knechte und Mägde würde leisten können, um den Hof zu bewirtschaften. Durch das eigensinnige und unselige Treiben der Sehenden ging der Blindenhof aber bald zugrunde. 1908 wurde er abgerissen.

Blindensee Bei der ❷ **Blindenhöhe** treffen wir auf den Westweg. Diesem folgen wir nach links über »Vordere Vogte« zunächst entlang des Waldrands, dann auf dem Holzsteg durch den Moorwald zum ❸ **Blindensee**. Am Seeufer laden Bänke zu einer Rast ein. Die können wir gerne dazu nutzen, die Geschichte des Sees zu erfahren. Das Gewässer ist ein Moorkolk und durch das Abrutschen von Torfschichten am Rand der angrenzenden Hangmoore entstanden. Dabei bildete sich zunächst ein Riss, der sich mit Wasser füllte. Die nahezu kreisrunde Form wird auf Frostprozesse zurückgeführt.

Sagenhafter Ursprung Der Volksmund indes kennt eine viel fantasievollere Geschichte zur Entstehung des Sees. Demnach sollen dort, wo heute der See ist, zwei Bauernhöfe gestanden haben, deren Inhaber anscheinend viele Worte für den jeweils anderen übrig hatten – nur keine guten. Schließlich hatte der Himmel ein Einsehen und schickte einen Blitz hinunter, der beider Streithammel Höfe vernichtete. Dabei soll eine Bodensenke entstanden sein, die sich mit Wasser füllte.

Noch bis ins Mittelalter glaubten die Menschen, dass der See – wie auch viele andere Gewässer im Schwarzwald – über ein Höhlensystem mit einem unterirdischen Ozean in Verbindung stehe. Das bot die Grundlage für eine zweite Sage. Ihr zufolge soll einst ein Bauer dem Kirschwasser etwas zu reichlich zugesprochen und im Suff sein Ochsengespann in das Moor gelenkt haben. Tiere, Wagen und Lenker versanken im Morast. Drei Tage später soll das Gespann bei Kehl am Rhein wieder aufgetaucht sein.

Von Vermessern und schützenden Fäden Auch hört man in Schönwald von zwei Vermessern, welche die Größe des Sees vermessen wollten. Als sie ihr Boot in die Mitte des Gewässers lenkten, hörten sie eine Stimme: »Willst du mich messen, so muss ich dich fressen.« Daraufhin brachen sie ihr Vorhaben ab und flüchteten sich ans sichere

Ufer. Außerdem erzählt man sich, dass der See vor langer Zeit auszubrechen und das Tal zu überschwemmen drohte. Bevor aber die Katastrophe über die Menschen hereinbrach, kam die Muttergottes an den Blindensee. Sie spannte ein feines Netz von Fäden vor die Öffnung, welches das Wasser wie bei einem Damm zurückhielt. Allerdings verfault jedes Jahr einer dieser Fäden. Noch hält der Damm, aber sobald alle verschwunden sind, so soll der See doch noch ausbrechen und das ganze Tal überschwemmen. In welchem Jahr es so weit sein wird, ist unbekannt. Aber es soll am Bartholomäustag passieren, wenn die Menschen in Triberg Jahrmarkt feiern.

Bildstock zwischen dem Küferhäusle und dem Blindenhäusle

Wind, Frost und Nebel haben dieses Kunstwerk erschaffen.

Europäische Wasserscheide Nach dem ganzen Reigen an Sagen und Prophezeiungen verlassen wir den versteckt gelegenen See und wandern auf dem Westweg weiter über ❹ **Brand** und ❺ **Weißenbacher Wald** zur ❻ **Weißenbacher Höhe**. Die Anhöhe markiert eine bedeutende Wasserscheide: Ein Stück westlich entspringt die Elz, ein Zufluss des Rheins. Die Quellen südlich der Weißenbacher Höhe münden hingegen in die Breg, die nach ihrem Zusammenfluss mit der Brigach die Donau bildet. Auf der Weißenbacher Höhe zweigen wir vom Westweg ab und folgen der blauen Raute über »Ob dem Rössle« und dem ❼ **Weißenbacher Talblick** zum Wegweiser Küferhäusle. Von diesem sind es wenige Meter auf dem Nebenwanderweg (gelbe Raute) zurück zum Wanderheim der Naturfreunde, wo unsere gleichsam kurze wie kurzweilige Runde endet.

18

Huberfelsen und Karlstein

Stippvisite bei Vogt und Herzog

Mittel   17,5 km   530 Hm   5–5.30 Std.

Tourencharakter
Bequeme Wanderung über meist breite Wege mit gleichmäßigen, gut machbaren Anstiegen; die Zugänge auf den Huberfelsen und Karlstein sind mit Geländern gesichert, Kondition von Vorteil.

Ausgangs-/Endpunkt
Landwassereck, 633 m

Höchster Punkt
Karlstein, 971 m

Anfahrt
gps 48.22790, 8.16050
Über die B 294 Haslach – Freiburg bei Prechtal oder von der B 33 Hausach – Triberg zwischen Hornberg und Gutach auf die L 107 abbiegen und der Landstraße bis zum Wanderparkplatz auf der Anhöhe Landwasser folgen.

Anfahrt mit Bus & Bahn
Es bestehen Busverbindungen ab Bahnhof Elzach zur Haltestelle Oberprechtal/Forellenhof.

Gehzeiten
Landwassereck – Huberfelsen 1 Std., Huberfelsen – Karlstein 0.45 Std., Karlstein – Absetze 0.45 Std., Absetze – Landwassereck 2.30–3 Std.

Einkehr
Hotel Schöne Aussicht, täglich ab 12 Uhr, www.schoeneaussicht.com; auf der Strecke aussichtsreiche Rastplätze

Karte
Karte des Schwarzwaldvereins 1:25 000, W248 Furtwangen

Beste Jahreszeit
April bis Oktober

Informationen
ZweiTälerLand Tourismus, Tel. 07685/194 33, www.zweitaelerland.de

Als wir diese Wanderung das erste Mal unternommen haben, tauchten dicke Nebelschwaden den Wald und die Felsen in ein mystisches Licht. Wenn Sie ähnliche Verhältnisse vorfinden, sollten Sie unserem Beispiel folgen und die Tour ein zweites Mal an einem sonnigen Tag ablaufen. Sie werden die Runde mit völlig neuen Augen sehen.

Treffen der Fernwanderwege   Vom Parkplatz am Landwassereck geht es auf dem ersten Abschnitt mit der rot-blauen Raute des Querwegs Lahr–Rottweil durch den Wald zum Wegweiser »Haselberg«. Dort biegen wir rechts ab und wandern auf den nächsten Metern entlang einer histori-

schen Schanzenlinie. Diese nur noch an wenigen Orten im Schwarzwald erhaltenen Wehranlagen haben ihren Ursprung im 17. und 18. Jahrhundert und dienten der Abwehr vor allem französischer Truppen. Dass sich die Schanzen oft mitten im Wald befinden, lässt ihren militärischen Nutzen fraglich erscheinen. Als sie gebaut wurden, waren jedoch weite Flächen des Schwarzwaldes kahl geschlagen. Damit hatten die Verteidigungslinien damals durchaus ihre Berechtigung.

Kurz, nachdem der Weg die ❶ Kolpinghütte passiert hat, erreichen wir die ❷ Prechtaler Schanze. Auf 836 Metern gelegen, bietet die in Teilen erhaltene Verteidigungsanlage eine tolle Aussicht nach Süden über das Elztal. Was die wert ist, lässt sich bereits an den Wegmarkierungen ablesen. Denn neben dem Querweg von Lahr nach Rottweil steuern auch der Westweg und der Zweitälersteig die Schanze an. Auf den

Die Reste der Prech-taler Schanze sind heute ein beliebter Rastplatz.

Der Huberfelsen

Huberfelsen

. . . .

Benannt ist der schroffe Felsen nach Dr. Karl Theodor Huber (1758–1816). Als Obervogt von Triberg verbesserte Huber die Anbaumethoden in der Landwirtschaft, förderte die Strohflechterei als Nebenerwerb, baute das Schulwesen aus und ließ begehbare Wege entlang der Triberger Wasserfälle anlegen. Damit verhalf der »Beamte von Gottes Gnaden« der Region zum Aufschwung und läutete ganz nebenbei die touristische Entwicklung Tribergs ein. Neben dem Felsen bietet auch die Bank etwas unterhalb eine gute Sicht nach Osten und Süden.

nächsten Metern kann es an sonnigen Tagen voll werden. Denn alle drei Wanderwege (wie auch der Europäische Fernwanderweg E1) führen von der Prechtaler Schanze zum ❸ Huberfelsen. Er ist der nächste Aussichtspunkt auf dieser Runde. Unterhalb der markanten Felskanzel bietet sich eine ebenfalls aussichtsreich platzierte Bank als Platz für eine Pause an.

Vierländereck am Karlstein Nach dem Abstecher auf den Felsen folgen wir der roten Raute des Westwegs über den ❹ Hirzdobel und ❺ Fährlefelsen zum 25 Meter hohen ❻ Karlstein. Bis 1805 markierte der von Granitblöcken gebildete Felsen ein Vierländereck, an dem Baden-Hachberg, Württemberg, Fürstenberg und Vorderösterreich aneinander grenzten. Der Name geht auf Herzog Karl Eugen von Württemberg zurück, der den Felsen am 23. Juli 1770 bestiegen hatte. Davor hieß der Karlstein Hauenstein. Durch den Grenzvertrag zwischen dem Großherzogtum Baden und Württemberg von 1810 kam der Felsen nach den napoleonischen Kriegen und der Neuordnung Europas zusammen mit Niederwasser und Hornberg zu Baden. Die am Felsen angebrachte Gedenktafel wurde 1991 von Herzog Carl von Württemberg gestiftet.

Ein Stück weiter südlich trifft der Westweg auf eine asphaltierte Straße. Links ist es ein Katzensprung zum ❼ Hotel Schöne Aussicht. Wanderer sind willkommen, werden aber gebeten, vorher zu reservieren (Tel. 07833/936 90). Rechts gelangen wir zum Wegweiser Hauenstein. Ab dort geht es auf dem Westweg nahezu parallel zu einer wenig befahrenen Straße weiter über »Vogelloch« bis ❽ Absetze. 130 Meter nach dem einzeln stehenden Gebäude auf der anderen Straßenseite zweigt rechts ein leicht zu übersehender Nebenwanderweg (gelbe Raute) ab. Auf diesem kommen wir über mehrere weite Kurven durch den Wald zurück zum ❺ Fährlefelsen. Ab dort kann man auf dem bereits bekannten Weg zurück zum Ausgangspunkt laufen oder alternativ beim Wegweiser ❸ Huberfelsen halb links abbiegen und den Umweg über »Oberer Lampertsbach« und den Wegweiser ❾ Pfauen wählen. Wer den Umweg wählt, kann einfach dem verschlungenen Herz vom Zweitälersteig (siehe Infokasten) über den Aussichtsfelsen oberhalb von Oberprechtal folgen. Schön sind beide Varianten.

Aufstieg auf den Huberfelsen (links), der Karlstein erinnert an ein historisches Vierländereck (oben).

Zweitälersteig

Auf dem Zweitälersteig lernen Wanderer ab Waldkirch alle sieben Orte der Ferienregion ZweiTälerLand kennen. Mit fünf Etappen, 106 Kilometern und gut 4000 Höhenmetern zählt der Steig zu den schwersten, gleichzeitig aber spannendsten Mehrtageswanderungen im Schwarzwald. Zu seinen landschaftlichen Höhepunkten gehören der Kandel, die Zweribachwasserfälle und die Wallfahrtskirche auf dem Hörnleberg. Eine ausführliche Beschreibung des Zweitälersteigs sowie weiterer beliebter Tages- und Mehrtagessteige finden Sie in unserem Wanderführer »Schwarzwald-Steige«.

19

Felsenweg Hornberg

Einsame Quellen und berühmte Steine

Schwer 17 km 670 Hm 5–5.30 Std.

Tourencharakter
Die Schlossfelsen erfordern Trittsicherheit und Schwindelfreiheit; ansonsten mittelschwere Tour über Waldwege und Pfade mit längeren Anstiegen.

Ausgangs-/Endpunkt
Grillplatz Gesundbrunnen, 490 m

Höchster Punkt
Anhöhe Dieterlehof, 880 m

Anfahrt
gps 48.20740, 8.23960
Über die B 294 Haslach – Schiltach bei Hausach oder von der B 500 bei Triberg auf die B 33 nach Hornberg abbiegen. In Hornberg über die Haupt- und Bahnhofstraße bis zum Bahnübergang fahren, weiter über die Franz-Schiele-Straße bis zum Wanderparkplatz.

Anfahrt mit Bus & Bahn
Es bestehen Bahn- und Busverbindungen ab Konstanz, Karlsruhe und Schramberg zum Bahnhof Hornberg. Bis zum Ausgangspunkt sind es ca. 900 m und 100 Hm.

Gehzeiten
Gesundbrunnen – Unterer Schlossfelsen 2.30 Std., Unterer Schlossfelsen – Dieterle-Bauern-Höhe 0.45 Std., Dieterle-Bauern-Höhe – Gasthaus Lamm 1.15 Std., Lamm – Gesundbrunnen 1 Std.

Einkehr
Gasthaus Lamm, Di.–So. ab 11.30 Uhr, www.lamm-hornberg.de

Karte
Karte des Schwarzwaldvereins 1:25 000, W248 Hornberg

Beste Jahreszeit
April bis Oktober

Informationen
Touristinformation Hornberg, Tel. 07833/793 44, www.hornberg.de

Mitten im Gutachtal, zwischen Triberg und Hausach, befindet sich Hornberg. Bekannt ist der Erholungsort durch das Hornberger Schießen und seine Lage direkt an der Schwarzwaldbahn. Oberhalb des tief eingeschnittenen Tals wachen die Schlossfelsen. Daneben besticht diese Wanderung mit einigen weiteren schönen Ausblicken.

Auf dem Hornberger Panoramaweg Wer für die Anfahrt die Koordinaten ins Navi eingibt, könnte in Hornberg Schwierigkeiten bekommen. Tatsächlich ist der Wanderparkplatz am ⑭ Gesundbrunnen der einzige Punkt, bei dem uns unser Navi quer durch Wald bzw. flussaufwärts durch den Bertelsbach schicken wollte. Wem es ebenso geht, wendet sei-

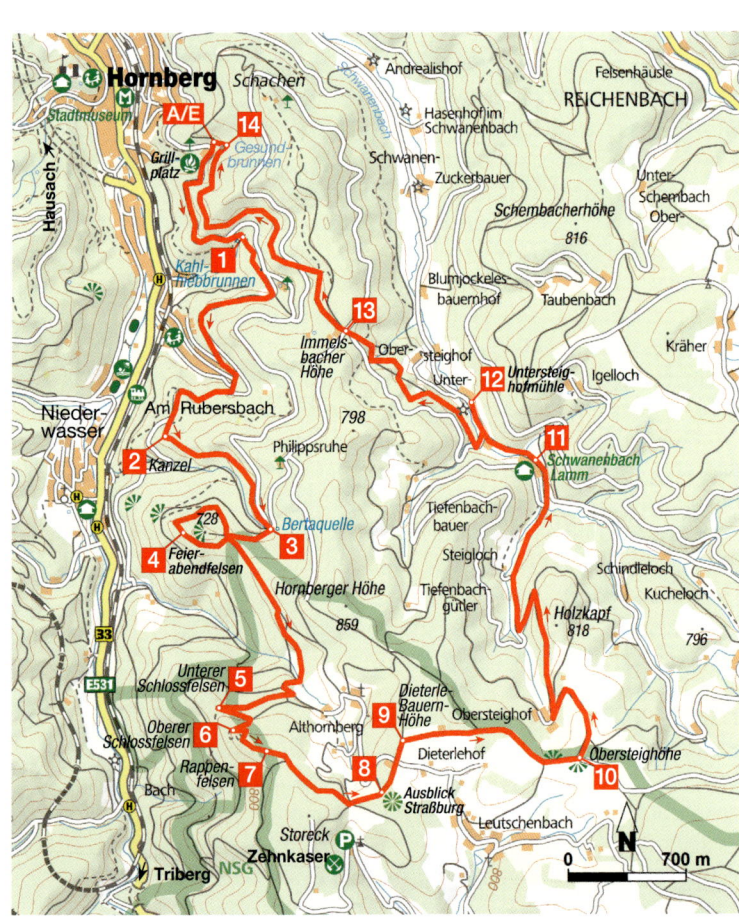

nen Pkw einfach und folgt dann besser doch der Anfahrtsbeschreibung über die Bahngleise und die Franz-Schiele-Straße zum Ausgangspunkt. Auch wenn man denkt, dass die Straße oberhalb der Siedlung vor einer Schranke enden müsste, ist sie bis zum Grillplatz offen.

Das erste Stück der Wanderung verläuft auf dem Hornberger Panoramaweg (gelbe Raute). Nach 800 Metern auf einem breiten Forstweg zweigt dieser in einer Linkskurve rechts auf einen Waldpfad ab. Gleich danach passieren wir den ❶ **Kahlhiebbrunnen**. Ein paar Hundert Meter weiter mündet der Pfad wieder in den Forstweg; dort biegen wir rechts ab und folgen dem Panoramaweg über den Unteren Rubersbachweg zur Feriensiedlung am Rubersbach. Sicher sind die Forstwege oberhalb des offiziellen Wanderwegs schöner. Dann aber hätten die Feriengäste keinen so bequemen Einstieg auf den Panoramaweg. Sei es drum. Beim Wegweiser »Bahnweg« verlassen wir diesen ohnehin und folgen – erst scharf links ab vom Forstweg, dann scharf rechts auf den Kanzelweg – den Schildern zur Bertaquelle.

Kanzel, Bertaquelle und Feierabendfelsen Nach knapp 400 Metern auf dem schmalen Waldpfad lohnt sich ein Abstecher hoch zur ❷ **Kanzel**. Von oben gesehen, scheint der Felsvorsprung tatsächlich wie dafür gemacht, große Reden zu schwingen. Anschließend geht es weiter über den Pfad zur ❸ **Bertaquelle**. Direkt vor der 1955

Der Schlossgeist Käther

Auf der Burg Alt-Hornberg soll es einst sehr übermütig zugegangen sein. So ließen die Schlossherren eine lederne Brücke vom Schlossfelsen über das Gutachtal spannen, um darüber hinweg auf den Schanzenberg zu reiten. Allzu doll trieben sie es am Heiligen Abend vor der Christnacht: Auf einem Ball sollte das Gesinde ohne Kleider tanzen. Anstelle von Schuhen mussten sie ausgehöhlte »Batzenwecken« an den Füßen tragen. Als ein Unwetter aufzog, versuchte die Stallmagd Käther, die Feiernden zu warnen. Doch der Schlossherr erklärte ihr, dass der Herrgott offenbar mit ihnen feiere und musiziere. Kurz darauf schlug der Blitz in das aus Holz gebaute Schloss ein. In dem auflodernden Feuer kamen alle ums Leben. Käther blieb davon verschont. Allerdings muss sie seitdem wehklagend durch die Wälder geistern, in der Hoffnung, dass sie ein junger Mann mit drei Küssen erlöst.

gefassten und mit Granitsteinen ummauerten Quelle laden nach dem Anstieg zwei Bänke und ein Tisch zu einer ersten Rast ein. Anschließend geht es rechts weiter zum Feierabendfelsen: die ersten rund 250 Meter auf einem breiten Forstweg, dann rechts ab auf einen leicht zu übersehenden Pfad um den bewaldeten Gipfel herum. Am ❹ Feierabendfelsen angekommen, bietet sich uns eine schöne Sicht über das Gutachtal und den Ortsteil Niederwasser zum Heidebühl (716 m), dem Sommerberg (770 m) und (dazwischen) der Martinsecke (837 m).

Schlossfelsen und Straßburgblick
Nach diesem eindrucksvollen Abstecher wandern wir auf dem Feierabendfelsenweg bis zum unteren Rand der Wiesen bei Althornberg und biegen dort scharf rechts zum ❺ Unteren Schlossfelsen (auch Gremmelsbacher Schlossfelsen) ab. Oben auf dem Felsen wurde im 11. Jahrhundert zur Erschließung des Gutachtals die Burg Hornberg (heute Alt-Hornberg) gebaut. Sie gilt als Wiege von Hornberg und Triberg, wurde im Dreißigjährigen Krieg allerdings nach Kämpfen zwischen bayerischen Truppen gegen Schweden und Franzosen angezündet. Ihre spärlichen Überreste sind eine Wasserzisterne, Balkenlager und der Mauersockel. Der Stufenaufgang hoch auf den Felsen wurde 2011 erneuert, erfordert allerdings Trittsicherheit und auch etwas Schwindelfreiheit.

Weiter geht es auf dem Felsenweg hinauf zum ❻ Oberen Schlossfelsen. Wer beim Unteren Schlossfelsen auf den Aufstieg verzichtet hat, bekommt hier eine zweite Gelegenheit, das Tal aus der Sicht der früheren Burgherren zu überschauen. Der Dritte im Bunde ist schließlich der ❼ Rappenfelsen. Von dort folgen wir der gelben Raute über »Kreuzacker« zur Dieterle-Bauern-Höhe. Bei sehr klarer Luft hält dieser Abschnitt eine Überraschung für uns parat: Von der Anhöhe oberhalb Storenberg ist beim ❽ Ausblick Straßburg die 60 Kilometer entfernte Elsassmetropole zu erkennen. Der Blick reicht dann über die Rheinebene bis zu den Vogesen.

Rückweg über drei Höhen Bei der ❾ Dieterle-Bauern-Höhe treffen wir auf den Querweg Lahr – Rottweil, dem wir rechts ab über die Obersteighöhe folgen. Nach

den Aussichten über das Gutachtal öffnet sich die Sicht nun nach Süden und Osten über die Täler von Leutschenbach und Rötenbach zum Schiebühl (864 m) und der Brunnholzer Höhe (940 m). Beim Wegweiser ⑩ Obersteighöhe verlassen wir den Querweg schon wieder und biegen links Richtung Hornberg ab. Damit ändert sich der Charakter dieser Wanderung. Kamen wir bisher auf Pfaden und Forstwegen von einem Aussichtspunkt zum nächsten, finden wir uns ab dem Obersteighof auf

einer asphaltierten Straße wieder. Auf dieser geht es durch das überwiegend bewaldete Tal oberhalb des Steiglochbachs hinunter zum ⑪ Landgasthof Lamm am Schwanenbach.

Nachdem wir bereits einen Großteil der Strecke absolviert haben, ist das Restaurant ideal gelegen, um vor dem letzten Abschnitt einzukehren. Wer alte Wasserräder mag, sollte danach noch einen Abstecher zur ⑫ Untersteighofmühle einplanen. Ansonsten kann man auch gleich beim Wegweiser »Untersteighof« erst links und wenige Schritte weiter rechts auf den Bürgermeister-Brüstle-Weg abbiegen und der gelben Raute auf die ⑬ Immelsbacher Höhe folgen. Von dort sind es noch rund zwei Kilometer auf dem Querweg Lahr – Rottweil, bis wir nach dieser abwechslungsreichen Tour wieder am Ausgangspunkt beim Gesundbrunnen sind.

Seit 1955 ist die Bertaquelle gefasst. Davor lädt ein Tisch mit zwei Bänken zum Verweilen ein.

Hornberger Schießen

Als im Jahr 1564 der Herzog von Württemberg in Hornberg erwartet wurde, wollte man diesen gebührend mit Salutschüssen empfangen. Also wurden die Kanonen poliert und einige Probeschüsse abgegeben. Am Tag des Besuchs sollte ein Späher die Ankunft des Herzogs melden, sobald er im Gutachtal erschien. Bei der ersten Staubwolke, die er sah, blies er in sein Horn und sogleich begannen die Hornberger mit dem Schießen. Ein Versehen, denn die Staubwolke war von einem Hirten und seiner Rinderherde aufgewirbelt worden. Auch bei den nächsten Staubwolken, die allerdings von einer Postkutsche und einem Händlerkarren herrührten, krachten die Kanonen. Als endlich der Herzog erschien, war alles Pulver verschossen. Um ihm dennoch ein Salut zu geben, beschlossen die Ratsherren, stattdessen lautstark »Piff-paff« zu schreien. Die Ereignisse finden sich im Sprichwort »Das geht aus wie das Hornberger Schießen« wieder, wenn etwas mit viel Getöse angekündigt wird, am Ende aber gründlich in die Hose geht.

20

Haslach im Kinzigtal

Auf den Erzählspuren Heinrich Hansjakobs

Mittel	11 km	370 Hm	3.30–4 Std.	

Tourencharakter
Von Haslach steigt der Weg bis zur Sandhaasenhütte spürbar an, danach eher leichte Wanderung auf breiten Wegen und Waldpfaden.

Ausgangs-/Endpunkt
Klosterparkplatz, 220 m

Höchster Punkt
Bannstein, 515 m

Anfahrt
gps 48.27560, 8.08480
Über die B 294 oder B 33 bis Haslach. In Haslach in die Hebelstraße und 300 m weiter rechts in die Hofstetter Straße biegen, den Schildern zum Klosterparkplatz folgen

Anfahrt mit Bus & Bahn
Es bestehen Bahnverbindungen von Offenburg und Karlsruhe nach Haslach. Vom Bahnhof sind es 500 m zum Ausgangspunkt.

Gehzeiten
Klosterparkplatz – Sandhaasenhütte 1–1.15 Std., Sandhaasenhütte – Rotweinbänkle 0.45 Std., Rotweinbänkle – Mühlenbach 1 Std., Mühlenbach – Haslach 0.45–1 Std.

Einkehr
Gasthaus Zum Ochsen, an Sonn- & Feiertagen ab 12 Uhr, sonst ab 14 Uhr, Di. und Mi. Ruhetag, www.ochsen-das-gasthaus.de; Waldsee Terrasse, Mi.–So. ab 10 Uhr, Mo. 10–14 Uhr

Karte
Karte des Schwarzwaldvereins 1:25 000, W239 Lahr

Beste Jahreszeit
April bis Oktober

Informationen
Touristinformation Haslach, Tel. 07832/70 61 72, www.haslach.de

Wer den Großen Hansjakobweg komplett abwandern möchte, sollte dafür mindestens vier Tage einplanen. Anders ist die 100 Kilometer lange Runde nicht machbar. Wer sich hingegen erst einmal einen Vorgeschmack darauf gönnen will, ist mit dieser kurzen Wanderung ab Haslach bestens bedient. Wem sie gefällt, der bekommt dann sicher Lust auf mehr.

In Haslach hat alles seinen Anfang Für den Startpunkt dieser Wanderung kommt nur das malerische Haslach im Kinzigtal in Betracht. Hier kam der Volksschriftsteller 1837 auf die Welt und hier hat er sein bewegtes Leben 1916 auch beendet. Dazwischen war Heinrich Hansjakob als Pfarrer in Hagnau am Bodensee und in Freiburg, aber auch als Politiker tätig. Zu seiner Bekanntheit am meisten beigetragen hat allerdings, dass er den einfachen Menschen im Kinzigtal mit seinen Erzählungen ein literarisches Denkmal gesetzt hat.

Vom großen Parkplatz laufen wir rechts der Touristinfo und dem im Kloster eingerichteten Trachtenmuseum zum Klosterbach. Auf der Stei-nacher Straße überqueren wir den Bach und folgen dem Themenweg zum Sandhaasdenkmal. Die Wegführung entlang der äußeren Stadt-

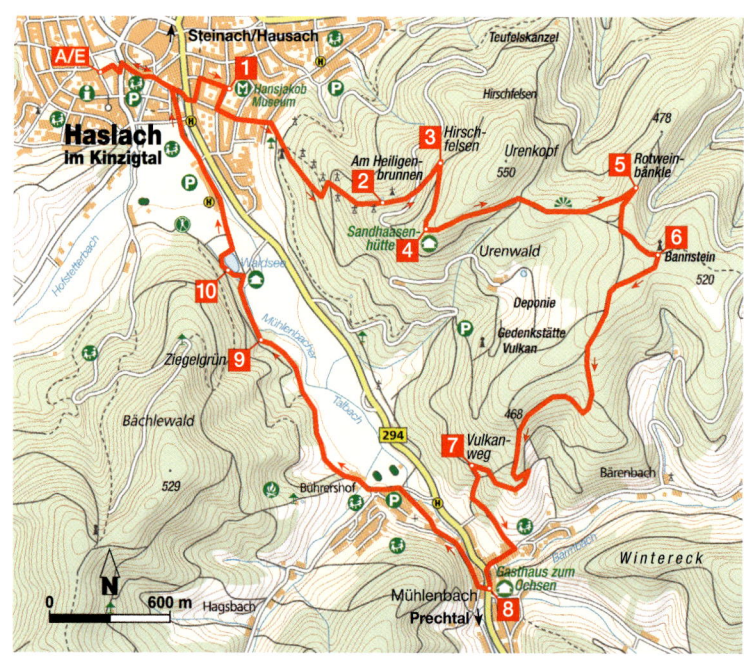

mauer ist etwas knifflig, die Orientierung aber einfach: immer dem charakteristischen »Jakobshut« nach. Das Denkmal ist dem »närrischen Maler« Carl Sandhaas (1801–1859) gewidmet, der in Haslach aufwuchs und später dorthin zurückkehrte. Hansjakob hat die Geschichte des verkannten Genies in seinen Erzählungen »Wilde Kirschen« festgehalten.

Hansjakob-Haus und Heiligenbrunnen   Als Nächstes macht der Themenweg einen Umweg über die Xaver-Hättich-Straße und Hansjakobstraße zum ❶ **Hansjakob-Haus »Am Freihof«**. In dem Anwesen verbrachte der Volksschriftsteller seine letzten drei Lebensjahre. Heute dient das Gebäude samt seiner Hofkapelle als Gedenkstätte und Museum. Neben Gemälden von Sandhaas zeigt die Dauerausstellung Werke der Maler Louis Blum und Otto Laible. Nach dem Abstecher geht es über die Otto-Göllner-Straße zurück auf die Rotkreuzstraße, der wir links bergan zum Wegweiser »Rotkreuz« folgen.

Wo sich heute eine Schutzhütte befindet, wurde im Mittelalter eines von drei Wetterkreuzen aufgestellt, welche die Stadt vor Unwettern schützen sollten. Während rechts der Panoramaweg abzweigt, folgen wir auf dem als Kreuzweg eingerichteten Pfad der Beschilderung Richtung Sandhaasenhütte. 800 Meter weiter erreichen wir am oberen Ende des Kreuzwegs den ❷ **Heiligen Brunnen**. Laut der Überlieferung soll an dieser Stelle im Dreißigjährigen Krieg der

Trachtenmuseum Haslach

Das Schwarzwälder Trachtenmuseum befindet sich im ehemaligen Kapuzinerkloster und beherbergt über 100 Schwarzwälder Originaltrachten. Diese sind gemäß ihrer Herkunft nach Nordschwarzwald, Mittlerem Schwarzwald, Südschwarzwald, den Schwarzwaldrandgebieten, Ried sowie Breisgau und Markgräflerland eingeteilt. Neben den geografischen gibt es vier thematische Abteilungen: Brautkronen und Schäpel, Hauben und Hüte, Bürgerliche Kleidung und Werktagskleidung. Zudem beinhaltet die Sammlung Gegenstände aus dem bäuerlichen Leben (Schwarzwälder Trachtenmuseum Haslach, Tel. 07832/70 61 72).

Blick über Mühlenbach auf den Winterwald

Einsiedler Rudolfus gelebt haben. Weil er aus Habgier ermordet wurde, errichteten die Bürger einen Bildstock, aus dem Wasser aus einem nahen Bergwerksstollen sprudelt. Das Brunnenwasser soll heilende Kräfte besitzen. Das Rudolfuslied ist an der benachbarten Kapelle ausgehängt.

Weiter geht es bergauf durch den Urenwald über den ❸ Hirschfelsenweg zur ❹ Sandhaasenhütte. In dieser aussichtsreichen Lage versuchte der unglückliche Maler seine seelischen Leiden zu kurieren. Nachdem ein im Sturm ausgebrochenes Feuer seine Unterkunft zerstörte, wurde sie Jahre später neu aufgebaut. Heute ist die Schutzhütte ideal, um nach dem langen Aufstieg kurz durchzuschnaufen.

Heinrich Hansjakob

Der gebürtige Haslacher zählt bis heute zu den meistgelesenen Autoren in Baden. Während seiner schriftstellerischen Tätigkeit hat Heinrich Hansjakob 74 Bücher, darunter etliche Erzählungen und Reiseschilderungen, aber auch historische und politische Schriften veröffentlicht. Zu den bekanntesten zählen »Wilde Kirschen«, »Waldleute«, »Bauernblut«, »Aus meiner Jugendzeit« und »Erinnerungen einer alten Schwarzwälderin«. Diese und zahlreiche weitere Werke des volksnahen Schriftstellers werden heute vom Hansjakob-Verlag der Stadt Haslach herausgegeben.

Über das Rotweinbänkle zum Bannstein Oberhalb der Sandhaasenhütte wird der Pfad flacher, bis er südlich vom Urenkopf (555 m) in einen breiten Weg übergeht. Auf der Höhe folgen wir dem Jakobshut bis auf eine Lichtung. Optisch unverkennbar ist diese durch eine hübsche steinerne Sitzbank. Direkt vor der Bank biegen wir links ab und erreichen nach 200 Metern das ❺ Rotweinbänkle. Der 2002 originell ausstaffierte Platz bietet eine schöne Sicht zu den Kuppen nördlich der Kinzig – perfekt für eine ausgiebige Rast.

Gut erholt biegen wir beim gleichnamigen Wegweiser erst scharf rechts, dann bei der nächsten Wegkreuzung links ab zum gut 400 Meter entfernten ❻ Bannstein. Die mitten im Wald postierte Sandsteinsäule markiert die Stelle, an der früher der Haslacher Stadtwald an die Gemeinden Mühlenbach und Hausach (früher Sulzbach) grenzte. In früheren Jahrhunderten verlief hier außerdem die Grenze zwischen den Bistümern Konstanz und Straßburg. Für uns ist es der Punkt, an dem wir uns entscheiden müssen: Wer die erste Etappe vom großen Hansjakobweg zu Ende wandern möchte, folgt dem Hutsymbol geradeaus bis nach Hausach. Wir aber verlassen beim Bannstein den Hansjakobweg und biegen rechts nach Mühlenbach ab (gelbe Raute).

Rückkehr auf dem Jakobusweg Weiter geht es auf einem Teilstück des Jakobuswegs durch den Wald. Wo der zunächst schmale Pfad auf einen Forstweg trifft, halten wir uns links (andernfalls laufen wir zurück zum Rotweinbänkle). Bei der nächsten Weggabelung steigen wir links durch einen dichten Fichtenforst über »Pavillon« bis zum Wegweiser **❼ Vulkanweg** ab. Direkt unterhalb des Wegweisers wählen wir den linken der zwei Pfade (blaue Raute), sodass wir auf dem Panoramaweg **❽ Mühlenbach** ins 600 Meter entfernte Mühlenbach kommen.

In Haslach erinnert dieses Denkmal an den Maler Carl Sandhaas.

Wo der Wanderweg auf die Straße Bärenbach trifft, biegen wir rechts zur Bundesstraße ab und spazieren auf dieser links zur Ortsmitte. Dort überqueren wir die B 294 und folgen der gelben Raute bzw. dem Jakobusweg zurück zum Ausgangspunkt in Haslach. Das letzte Stück dieser Wanderung führt über den Mühlenbach-Sportplatz, »Bührershof« und **❾ »Ziegelgrün«** zum **❿ Waldsee**. Der Biergarten des Restaurants Waldsee Terrasse ist ein beliebtes Ausflugsziel. Die letzten anderthalb Kilometer der Wanderung verlaufen parallel zur Bundesstraße und fast eben zurück nach Haslach.

Das Rotweinbänkle kommt wie gerufen für eine erste Rast.

21

Hohengeroldseck

Ritterlicher Höhepunkt über Biberach

Leicht   11 km   450 Hm   3.30–4 Std.

Tourencharakter
Langer, mäßiger Anstieg bis Höflewald auf die Burg, ansonsten ange-
nehme Wanderung auf breiten,
teils asphaltierten Wegen und wenig befahrenen Straßen.

Ausgangs-/Endpunkt
Parkplatz beim Gasthaus Linde
nahe der B 33, 200 m

Höchster Punkt
Burg Hohengeroldseck, 524 m

Anfahrt
gps 48.34640, 8.01600
Über die B 33 Offenburg – Haslach
bei Biberach auf die K 5333 Richtung Fußbach abfahren. Der Ausgangspunkt befindet sich nahe der
Anschlussstelle.

Anfahrt mit Bus & Bahn
Es bestehen Busverbindungen von
Offenburg, Gengenbach, Hausach
und Haslach zur Haltestelle Biber-
ach/Linde.

Gehzeiten
Linde – Evgl. Jugendheim
1.30 Std., Jugendheim – Hohengeroldseck 0.30 Std., Hohenge-
rolds-eck – Linde 1.30–2 Std.

Einkehr
Becks Vesperstube, Do., Fr.
und Mo. ab 12, Sa. und So. ab
10.30 Uhr, Tel. 07823/26 05

Karte
Karte des Schwarzwaldvereins
1:25 000, W239 Lahr

Beste Jahreszeit
Die Wanderung ist das ganze Jahr
über gut möglich.

Informationen
Kultur- und Touristinfo Seelbach,
Tel. 07823/94 94 52,
www.seelbach-online.de

Auf dem Schönberg, einer Anhöhe zwischen Kinzigtal und Schuttertal, liegt die Burg Hohengeroldseck. Sie ist Namensgeber für das Geroldsecker Land und auch wegen der ständigen Fürsorge des Vereins zur Erhaltung der Burgruine ein beliebtes Ausflugsziel im Mittleren Schwarzwald. Zuletzt wurde sie 2013 aufwendig restauriert.

Aufstieg durch das Erzbachtal Der Ausgangspunkt zu dieser Wanderung befindet sich beim Gasthof Linde in Sichtweite der B 33, kurz bevor der Erzbach in die Kinzig mündet. Mit dem Gasthof zu unserer Rechten laufen wir dem Erzbach beim ersten Abschnitt der Tour entgegen. Zur Orientierung hilft zwischen den Wegweisern die gelbe Raute. Wo sich die Straße das erste Mal teilt, erreichen wir den Wegweiser Bildstöckle. Ein kurzer Blick bestätigt, dass wir richtig sind; die Burgruine Hohengeroldseck ist angeschrieben. Damit wandern wir weiter bachaufwärts durch

Imposante Mauern zeugen von der einst mächtigen Burg Hohengeroldseck.

das romantische Tal, passieren einen nächsten Bildstock und kommen 500 Meter danach zum ❶ **Ponyhof**. Dort biegt der Wanderweg links ab, womit wir die asphaltierte Zufahrtsstraße verlassen und auf einen Schotterweg wechseln.

Glich die Wanderung bisher eher einem Spaziergang, gehen die nächsten zwei Kilometer umso mehr in die Beine. Wo der Obere Höfleweg in den Saalschulrundweg mündet, biegen wir rechts ab. Die Steigung nimmt damit deutlich ab. Beim Wegweiser ❷ **Höflewald** haben wir den langen Anstieg dann geschafft und treffen außerdem auf den in diesem Bereich leider asphaltierten Kandelhöhenweg. Auf dem Fernwanderweg passieren wir leicht bergab als Nächstes das ❸ **evangelische**

Die Konradskapelle oberhalb Biberach an der Kinzig

Aussicht von der
Hohengeroldseck
zum Eichberg und in
das Tal der Schutter

Jugendheim und erreichen rund 250 Meter weiter das ❹ **Geroldseck**. Geradeaus geht es über die Zufahrt (gelbe Raute) hinauf zur ❺ **Burg Hohengeroldseck**. Nach einem kurzen, kräftigen Anstieg sollte diese bald erreicht sein.

Verlies, aber nicht verlassen Die Burg der Geroldsecker ist eng verknüpft mit der Lützelhardt-Sage. Diese handelt vom Herrn von Lützelhardt, einem missgünstigen Nachbarn, welcher den Herrn von Geroldseck während einer Jagd fangen und tagelang mit verbundenen Augen im Wald herumführen ließ, eh er ihn in seinem Burgturm einsperrte. Mit der Zeit erkannte der Geroldsecker aber, dass er sich nicht in einem fernen Land, sondern noch auf seinem eigenen Herrschaftsgebiet befand. Als er sodann dem Turmhüter gut zuredete, verhalf dieser ihm nach insgesamt zwei Jahren Haft zur Flucht. Zusammen mit seinen Söhnen und Verwandten stürmte der Herr von Geroldseck später das Schloss des Herrn von Lützelhardt, dessen neidvolles Handeln ein böses Ende nahm.

Im Januar 1689 wurde die Burg Hohengeroldseck im Pfälzischen Erbfolgekrieg durch französische Truppen zerstört und brannte dabei völlig aus. Nachdem das Gebiet Hohengeroldseck mehrmals die Zugehörigkeit wechselte, unternahm der Lahrer Schwarzwaldverein zwischen 1892 und 1901 erste Versuche, die Festung zu restaurieren. 1951/1952 installierten die Vereinsmitglieder eine Wendeltreppe im Turm des hinteren Palais. Seit 1958 kümmert sich der Verein zur Erhaltung der Burgruine Hohengeroldseck um die Ruine. Neben der Ausbesserung der Gemäuer sieht der Verein auch die Organisation von mittelalterlichen Ritterfesten als seine Aufgabe an. Insbesondere ab 2010 wurden umfangreiche Sanierungsarbeiten durchge-

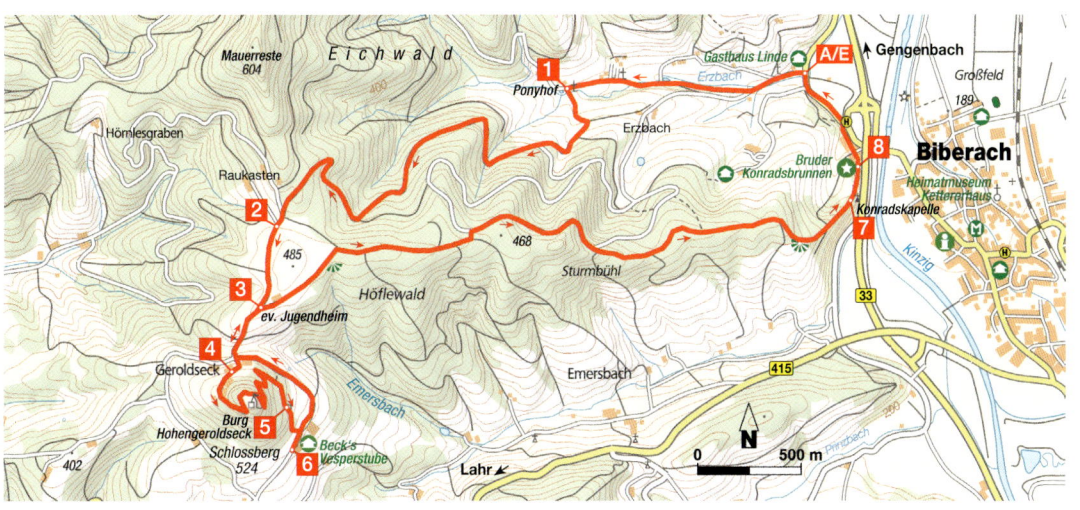

das romantische Tal, passieren einen nächsten Bildstock und kommen 500 Meter danach zum ❶ Ponyhof. Dort biegt der Wanderweg links ab, womit wir die asphaltierte Zufahrtsstraße verlassen und auf einen Schotterweg wechseln.

Glich die Wanderung bisher eher einem Spaziergang, gehen die nächsten zwei Kilometer umso mehr in die Beine. Wo der Obere Höfleweg in den Saalschulrundweg mündet, biegen wir rechts ab. Die Steigung nimmt damit deutlich ab. Beim Wegweiser ❷ Höflewald haben wir den langen Anstieg dann geschafft und treffen außerdem auf den in diesem Bereich leider asphaltierten Kandelhöhenweg. Auf dem Fernwanderweg passieren wir leicht bergab als Nächstes das ❸ evangelische

Die Konradskapelle oberhalb Biberach an der Kinzig

Aussicht von der Hohengeroldseck zum Eichberg und in das Tal der Schutter

Jugendheim und erreichen rund 250 Meter weiter das ❹ **Geroldseck**. Geradeaus geht es über die Zufahrt (gelbe Raute) hinauf zur ❺ **Burg Hohengeroldseck**. Nach einem kurzen, kräftigen Anstieg sollte diese bald erreicht sein.

Verlies, aber nicht verlassen Die Burg der Geroldsecker ist eng verknüpft mit der Lützelhardt-Sage. Diese handelt vom Herrn von Lützelhardt, einem missgünstigen Nachbarn, welcher den Herrn von Geroldseck während einer Jagd fangen und tagelang mit verbundenen Augen im Wald herumführen ließ, eh er ihn in seinem Burgturm einsperrte. Mit der Zeit erkannte der Geroldsecker aber, dass er sich nicht in einem fernen Land, sondern noch auf seinem eigenen Herrschaftsgebiet befand. Als er sodann dem Turmhüter gut zuredete, verhalf dieser ihm nach insgesamt zwei Jahren Haft zur Flucht. Zusammen mit seinen Söhnen und Verwandten stürmte der Herr von Geroldseck später das Schloss des Herrn von Lützelhardt, dessen neidvolles Handeln ein böses Ende nahm.

Im Januar 1689 wurde die Burg Hohengeroldseck im Pfälzischen Erbfolgekrieg durch französische Truppen zerstört und brannte dabei völlig aus. Nachdem das Gebiet Hohengeroldseck mehrmals die Zugehörigkeit wechselte, unternahm der Lahrer Schwarzwaldverein zwischen 1892 und 1901 erste Versuche, die Festung zu restaurieren. 1951/1952 installierten die Vereinsmitglieder eine Wendeltreppe im Turm des hinteren Palais. Seit 1958 kümmert sich der Verein zur Erhaltung der Burgruine Hohengeroldseck um die Ruine. Neben der Ausbesserung der Gemäuer sieht der Verein auch die Organisation von mittelalterlichen Ritterfesten als seine Aufgabe an. Insbesondere ab 2010 wurden umfangreiche Sanierungsarbeiten durchgeführt, um die Sicherheit der Besucher zu gewährleisten.

Nach dem Rundgang durch das imposante Gemäuer und das Studium der wechselvollen Geschichte der Burg steigen wir über den Burgpfad zur Südostseite des Schlossberges ab. Der Burgpfad begeistert vor allem Kinder mit Aufgaben und Rätselfragen zur Geschichte der Burg und der Ritterzeit und behandelt an insgesamt neun Stationen verschiedene Themen zum Leben auf der Burg. Am unteren Ende des Pfads treffen wir wieder auf den Kandelhöhenweg.

Konradskapelle und Konradsbrunnen   Wer vor dem Rückweg noch einkehren möchte, findet auf der rechten Seite ❻ **Becks Vesperstube**. Ansonsten geht es links zurück zum ❸ **evangelischen Jugendheim**. Dort biegen wir diesmal rechts ab und folgen der gelben Raute bergab zur idyllisch gelegenen ❼ **Konradskapelle**. Von der malerisch am Waldrand gelegenen Kapelle haben wir eine schöne Sicht auf Geroldseck, den Lützelhardt und den Ort Seelbach. Die Kapelle selbst wurde in den 1930er-Jahren aus Privatmitteln erbaut und steht auf einem Platz,

Im Herbst herrscht eine besondere Stimmung in den Buchenwäldern.

der schon vor über hundert Jahren als Kapellenplätzchen bekannt war. Von der liebevoll restaurierten Kapelle erfolgt der Abstieg über mehrere Serpentinen durch den Wald bis zum ❽ **Bruder Konradsbrunnen**. Von 1827 bis 1975 befand sich bei dem Brunnen der historische Standort des Gasthofs Linde. Mit dem Bau der B 33 wurde die Wirtschaft jedoch abgerissen und am Eingang zum Erzbachtal neu gebaut. Dadurch müssen wir noch heute ein paar Meter oberhalb der Bundesstraße laufen, bis wir wieder am Ausgangspunkt beim Gasthof Linde sind.

Rekonstruierte Mauerkrone der Hohengeroldseck

Bergrevier in der Enge

Der Abstieg dieser Wanderung führt durch das ehemalige Bergrevier in der Enge, welches sich als Blei-Zink-Formation zwischen Prinzbach und der Kinzig erstreckt. Bis ins 14. Jahrhundert wurden die Gruben von den Geroldseckern betrieben, um Silber zu gewinnen. Später ging das Revier an die Reichsstadt Zell über, welche den Bergbau bis Anfang des 19. Jahrhunderts fortführte.

22 Bermersbach

Über Weinberge und Kräuterbüschel

Leicht · 7 km · 300 Hm · 2.30–3 Std.

Tourencharakter
Die kurze Runde um Bermersbach verläuft weitgehend über breite Waldwege und Weinpfade und eignet sich gut als Einstiegstour in die Wandersaison.

Ausgangs-/Endpunkt
Haus des Gastes, 215 m

Höchster Punkt
Winterwald, 465 m

Anfahrt
gps 48.38890, 7.99560
Über die B 33 Offenburg – Haslach bei Gengenbach abfahren und der Ziegelwaldeckstraße nach Bermersbach folgen. Bei der Ortseinfahrt links abbiegen und zum Haus des Gastes hinauffahren.

Anfahrt mit Bus & Bahn
Es fahren zwar Busse nach Bermersbach, die Verbindungen sind für diese Wanderung jedoch ungünstig.

Gehzeiten
Haus des Gastes – Räppleseck 1.15–1.30 Std., Räppleseck – Winterwald 0.30–0.45 Std., Winterwald – Haus des Gastes 0.45 Std.

Einkehr
Auf der Strecke keine Möglichkeiten

Karte
Karte des Schwarzwaldvereins 1:25 000, W234/239 Achern/Lahr

Beste Jahreszeit
April bis Oktober

Informationen
Kultur und Tourismus GmbH Gengenbach,
Tel. 07803/93 01 43,
www.gengenbach.info

Bermersbach ist wie viele Orte des Schwarzwalds im 14. Jahrhundert aus einer Rodungsinsel entstanden. Schon damals wurden die sonnigen Hanglagen oberhalb des Dorfs für den Weinanbau genutzt. Zwischen 1803 und 1975 war der Gengenbacher Ortsteil eigenständig und Namensgeber der Dreitälergemeinde Bermersbach, Strohbach und Fußbach.

Rebenhafter Aufstieg Los geht es am Haus des Gastes. Von dort laufen wir die Zufahrt hinunter zum Wegweiser »Vorderer Bermersbach«, wo wir links Richtung Hühneköpfle auf die untere von zwei Straßen abbiegen. Nachdem wir einen Hof passiert haben, biegen wir bei Haus Nr. 6 zweimal kurz nacheinander rechts ab. Auf dem asphaltierten Weg gewinnen wir rasch einige Höhenmeter; bald sind die Weinreben erreicht. Am Wegweiser ❶ **Vorderer Rebberg** geht es weiter geradeaus – und damit bergauf – in den Wald. Dort endet der Asphalt. Wo der Forstweg eine Linkskurve beschreibt, biegt der Wanderweg scharf links ab (bei der folgenden Gabelung aber rechts).

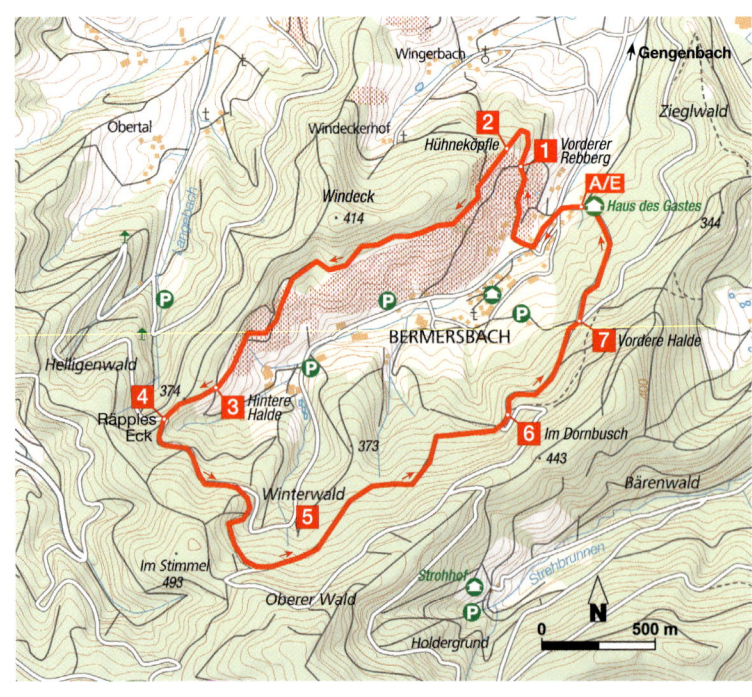

Wenige Schritte weiter verlassen wir den Wald auch schon wieder und wandern am Waldrand zum ❷ Hühneköpfle. Damit sind wir erneut in den Reben – allerdings ein gutes Stück höher als zuvor. Mit der herrlichen Aussicht zur Linken geht es geradeaus zur ❸ Hinteren Halde. Durch das Laub der Reben sind die Wegmarkierungen ab und zu verdeckt. Im Zweifelsfall gilt bei Gabelungen innerhalb des Weinbergs: Der obere der Wege ist der richtige. Auf keinen Fall aber wandern wir hinunter ins Tal, sondern kehren mehrmals an den Waldrand und in den Wald zurück.

Blick durch die Reben auf das idyllische Bermersbach

Rückblick und Rückweg Ebenfalls noch auf dem Weg zur Hinteren Halde sollte man nicht versäumen, immer wieder mal kurz innezuhalten und den Blick über das Tal schweifen zu lassen. Denn es sind genau diese Aussichten, warum wir diese kurze Runde mit in dieses Wanderbuch aufgenommen haben. Ein weiterer Grund ist die Ruhe in dem Seitental der Kinzig. Es gibt keinen Durchgangsverkehr – und damit auch keine lauten Motorräder, keine Bahnlinie und keine Industrie, welche die Idylle trüben könnten. Bei der Hinteren Halde angekommen, biegen wir rechts zum ❹ Räpples Eck ab. Diese Variante verläuft durch den Wald und empfiehlt sich besonders für heiße Sommertage. Wer lieber in der offenen Landschaft bleibt, kann auch über den Talweg zurück in das Winzerdorf laufen.

Am Räpples Eck angekommen, biegen wir links ab und folgen der gelben Raute über »Wendel« zum Wegweiser ❺ Winterwald. Dort wechseln wir auf den Kandelhöhenweg, dem wir bergab über ❻ Im Dornbusch bis zur ❼ Vorderen Halde folgen. Von da sind es noch 600 Meter bis zum Ausgangspunkt am Haus des Gastes.

Auch in Weinbergen gilt: Wegmarkierungen sind meistens vorhanden, man muss sie nur finden.

Kräuterweihe

Zu Ehren der Mutter Gottes wird in Gengenbach der Kräuterbüscheltag gefeiert. Der typische Kräuterbüschel besteht aus mindestens sieben Kräutern und wird traditionell flach und radförmig im Biedermeierstil gebunden. Für mehr Farbe im Büschel werden auch Rosen und Hagebutten, Dahlien, Artischockenblüten und Sonnenblumen verwendet. An Mariä Himmelfahrt, dem 15. August, werden die Kräuterbüschel in die Stadtkirche St. Marien zur Weihe gebracht. Die größten von ihnen haben einen Durchmesser von einem bis anderthalb Meter und wiegen bis zu 40 Kilogramm. Nach dem feierlichen Gottesdienst und der Weihe werden die duftenden Büschel vor dem Rathaus aufgestellt und prämiert. In früheren Jahren versprachen sich die Bürger durch den kirchlichen Segen der Kräuter Schutz vor Krankheiten, Feuer und Unwetter.

23

Mittel 14 km 630 Hm 4.30-5 Std.

Tourencharakter

Technisch an sich einfache Runde über Waldwege und Pfade sowie die wenig befahrene Straße ins Schwaibachtal; zwei längere Anstiege zu Beginn und gegen Ende machen diese Tour jedoch zu einer schweißtreibenden Angelegenheit.

Ausgangs-/Endpunkt

Maile-Gießler-Hof, 295 m

Höchster Punkt

Katzenstein, 615 m

Anfahrt

gps 48.39620, 8.0740
Von der B 33 Offenburg – Haslach bei Biberach nach Zell am Harmersbach abfahren und den Schildern nach Nordrach bis zum Abzweig Winkelwald folgen.

Anfahrt mit Bus & Bahn

Es bestehen Busverbindungen ab Zell am Harmersbach zur Haltestelle Nordrach/Grafenberg.

Gehzeiten

Maile-Gießler-Hof – Katzenstein 1 Std., Katzenstein – Hochkopfhütte 1 Std., Hochkopfhütte – Heidensteinsofa 1.30–1.45 Std., Heidensteinsofa – Maile-Gießler-Hof 1–1.15 Std.

Einkehr

Müllers Mühle in Dantersbach, Mi. u. Fr. ab 16 Uhr, Sa. ab 14 Uhr, 1. und letzter So. sowie feiertags ab 11 Uhr, www.vesper-muehle.de

Karte

Karte des Schwarzwaldvereins 1:25 000, W234 Achern

Beste Jahreszeit

April bis Oktober

Informationen

Touristinformation Nordrach, Tel. 07838/92 99 21, www.nordrach.de

Nordrach

Katzenstein versus Heidenstein

Verglichen mit dem Kinzigtal geht es im Nordrachtal entschieden ruhiger zu. In der Gemeinde treffen der Jakobusweg und der Kandelhöhenweg aufeinander. Auch zum Großen Hansjakobweg ist es vom Luftkurort Nordrach nicht weit. Unser Ziel ist jedoch eine heidnische Kultstätte: der Heidenstein samt Sofa.

Aufstieg zum Katzenkopf Wer mit dem Bus angereist ist, folgt der Beschilderung ab der Maile-Gießler-Mühle über den Maile-Gießler-Hof zur Winkelwaldklinik. Wer mit dem Pkw unterwegs ist, kann auch direkt bei der Klinik starten. In beiden Fällen geht es mit der gelben Wegmarkierung links des Hauptgebäudes in den Wald, dort rechts ab auf die Forststraße bergan zum Wegweiser »Winkelwald«. Hier biegen wir erneut rechts ab in Richtung Lärchenhütte. Um auf dem offiziellen Wanderweg zu bleiben, halten wir uns nach der nächsten Linkskurve rechts, folgen dann dem markierten Wanderweg um eine scharfe Rechtskurve kurz an den Waldrand und steigen schließlich mit der nächsten Linkskurve hoch zum Wegweiser »Am Karlswegle«. Hier treffen wir auf den Jakobusweg, dem wir links weiter bergauf zur ❶ Lärchenhütte folgen.
Wer nur eine kurze Runde laufen will, kann bei der kleinen Schutzhütte zur ❻ Hochkopfhütte abkürzen. Alle anderen biegen bei der Lärchen-

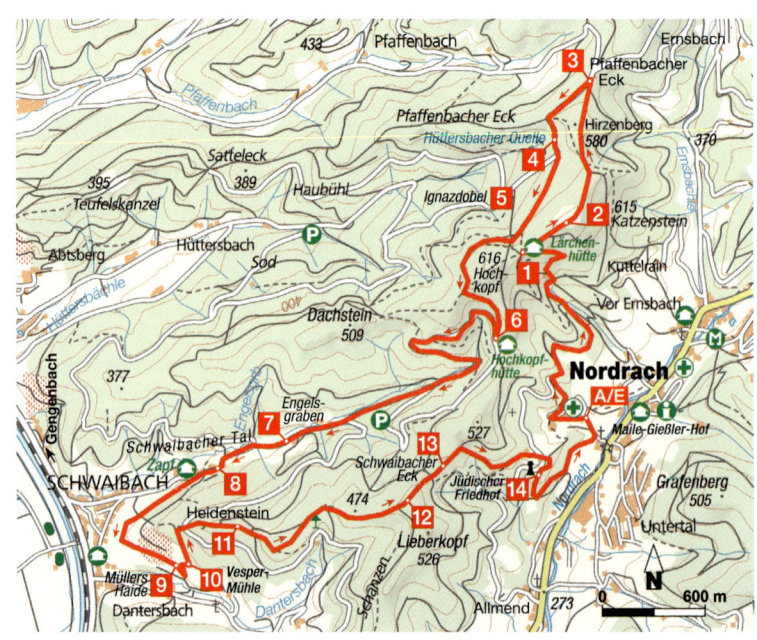

hütte nach rechts auf den Kandelhöhenweg ab und erreichen gut 300 Meter weiter den ❷ Katzenstein. Bei der offenen Felsformation öffnet sich überraschend der Blick nach Südosten über das Nordrachtal zum Kuhhornkopf (553 m), einer schönen Stelle für eine erste Pause.

Der jüdische Friedhof oberhalb Nordrachs

Entscheidung beim Pfaffenbacher Eck Weiter geht es auf dem Kandelhöhenweg bis zum ❸ Pfaffenbacher Eck. Unweit einer Forsthütte steht ein Bildstock. Hier sind dann nicht die Genusswanderer, sondern die Ausdauersportler gefragt. Soll heißen: Wer diese Wanderung zu einer Ganztagstour mit Einkehr erweitern möchte, dem empfehlen wir ab dem zweiten Wegweiser am Pfaffenbacher Eck einen Abstecher zum Naturfreundehaus auf der Kornebene. Der Kandelhöhenweg führt bergan direkt dorthin. In dem Fall verlängert sich die Gesamtstrecke um gut fünf Kilometer. Andernfalls wechseln wir bereits beim ersten Wegweiser links auf den Nebenwanderweg zur 600 Meter entfernten ❹ Hüttersbacher Quelle.

Heidenkirche im Harmersbachtal

Auf dem Bergrücken jenseits der Nordrach befindet sich die aus gewaltigen Sandsteinblöcken gebildete Heidenkirche. Ob an diesem Ort tatsächlich heidnische Riten durchgeführt oder gar Menschenopfer dargebracht wurden, ist ungewiss. Mehrere Höhlen in den Felsen sollen den Menschen während des Dreißigjährigen Kriegs und zur Zeit der Überfälle durch französische Truppen Unterschlupf und ein sicheres Versteck für alles von Wert geboten haben. Der Zugang erfolgt ab dem Löcherbergwasen an der L 94 über den Querweg Gengenbach – Alpirsbach in Richtung Fridolinshütte.

Auf dem Tälerpfad zwischen dem Schwaibacher Tal und Müllers Halde

Der breite und abfallende Forstweg dorthin verführt zu einer höheren Gang-art, sodass man schnell beim deutlich tiefer gelegenen ❺ Ignazdobel landet und anschließend alles wieder bergauf über einen schmalen Waldpfad kraxeln muss. Besser ist es, bei der Quelle gleich links auf den oberen Wanderweg abzuzweigen und der Wegmarkierung über den Hochkopfweg und »Am Hochkopf« zur ❻ Hochkopfhütte zu folgen. Aus eigener Erfahrung wissen wir: Diese Variante ist viel besser. Die Hütte selbst befindet sich einen Katzensprung oberhalb des Wanderwegs und bietet eine schöne weitere Möglichkeit, die Wanderung zu unter-brechen.

Übers Schwaibachtal zu Keltenstätten Am Wegweiser unterhalb der Hochkopfhütte biegen wir scharf rechts ab und steigen über Echtleshofwald, Schützengrund und ❼ Engelsgraben hinab ins Schwaibacher Tal. Sobald wir den Wald verlassen, verläuft der Wanderweg leider auf einer asphaltierten Straße. Die idyllisch in die Landschaft eingebetteten Höfe und die Aussicht über das enge Tal machen das aber wieder wett. Beim Wegweiser ❽ Schwaibacher Tal können wir die wenig befahrene Tal-straße wieder verlassen und links den Schildern Richtung Dantersbach zunächst am Waldrand, dann durch Obstwiesen oberhalb der Kinzig bis ❾ Müllers Halde fol-gen. Rechts ab lockt die ❿ Vesper-Mühle mit Schinken- und Wurstspezialitäten aus eigener Herstellung. Zu dumm: Zum ⓫ Heidenstein geht es links im Zickzack hoch in den Wald.

Der Aufstieg geht ganz schön in die Beine. Wir zumindest waren froh, als wir den Heidenstein endlich erreicht hatten. Bei dem Heidenstein handelt es sich um eine keltische Opferstätte aus der Zeit vor Christus. Zu den Ritualen der Kelten zählte damals das Opfern von Tieren in einer steinernen Opferschale. Diese ist noch heute gut zu erkennen. Ganz in der Nähe befinden sich mehrere Menhire und das Heidenstein-Sofa. Es diente den Keltenpriestern als Sitz bei Ritualen und Gerichtsprozessen. Die Felsen, die das Sofa bilden, sind mit Moos bewachsen und ebenfalls leicht auszumachen.

Über Lieberkopf und Schwaibacher Eck zurück zum Winkelwald Oberhalb des »Sofas« mündet der Waldpfad in einen breiteren Forstweg. Rechts ab geht es zum Wegweiser **⑫ Lieberkopf** und über die Nordwestseite des Lieberkopfes (526 m) ans **⑬ Schwaibacher Eck**. Geradeaus weiter können wir von dort der gelben Raute über das Maileseckle und den Maile-Gießler-Hof zurück zum Ausgangspunkt in Nordrach bzw. bei der Winkelwaldklinik folgen. Nachdem wir auf einer Lichtung bereits auf die Klinik herabschauen können, macht der Wanderweg nochmals einen Schwenk durch den Wald, an einem alten **⑭ Jüdischen Friedhof** vorbei. Der Zugang auf das Gelände erfolgt auf eigene Gefahr und schreibt für männliche Besucher eine Kopfbedeckung vor. Am Eingang gibt ein Merkblatt weitere Informationen über die Friedhofsordnung. Dazu gehört auch, dass der Zutritt am Schabbat und an jüdischen Feiertagen generell untersagt ist.

Die Jakobsmuschel kennzeichnet auch im Schwarzwald die Jakobuswege.

24

Mittel 14,5 km 500 Hm 4.30–5 Std.

Tourencharakter
Ruhige, waldreiche Wanderung über Wege und schmale Pfade. Letztere können auch mal halb zugewachsen sein, die Abgeschiedenheit aber lohnt sich.

Ausgangs-/Endpunkt
Landgasthof Adler in St. Roman, 642 m

Höchster Punkt
Sättelekopf, 815 m; Teisenkopf, 758 m

Anfahrt
gps 48.33040, 8.29110
Über die B 462 Rottweil – Schenkenzell bis Schiltach, weiter auf der B 294 Richtung Wolfach. Nach Vorderlehengericht geht es rechts nach St. Roman. Wer von Freiburg oder Lahr kommt, fährt über die B 294 bzw. B 33 bis Haslach und weiter über Hausach bis zum Abzweig nach St. Roman.

Anfahrt mit Bus & Bahn
Nach St. Roman verkehren keine öffentlichen Verkehrsmittel.

Gehzeiten
St. Roman – Salzlecke 1.30 Std., Salzlecke – Teisenkopf 1.15–1.30 Std., Teisenkopf – St. Roman 1.45–2 Std.

Einkehr
Vesperstube Auerhahn, vom 1. Mai bis Ende Oktober, an Wochenenden und Feiertagen ab 12 Uhr geöffnet, www.der-auerhahn.de

Karte
Karte des Schwarzwaldvereins 1:25000, W240 Oberndorf

Beste Jahreszeit
Mai bis Oktober

Informationen
Touristinformation Wolfach, Tel. 07834/83 53 53, www.wolfach.info

St. Roman

Wallfahrtskirche schlägt Teufelstein

Als die ersten Pilger nach St. Roman kamen, zogen sie durch grüne Wiesen und tiefe Wälder. Das war vor über 600 Jahren. Natürlich ist die Zeit auch hier nicht stehen geblieben. Seinen besonderen Charme hat sich das Schwarzwalddorf aber bewahrt. Eine der schönsten Wanderungen führt hier über den Teufelstein zum Teisenkopf.

Wallfahrtskirche St. Roman   Beim Ausgangspunkt am Naturparkhotel Adler ist das erste Ziel dieser Tour schon zu sehen: Auf einer Anhöhe über den wenigen Häusern von St. Roman thront die ❶ **Wallfahrtskirche**. Erstmals erwähnt wurde sie zwischen 1360 und 1370. Seit dem 14. Jahrhundert wird auch von der Wallfahrt des heiligen Romanus – am 9. August – berichtet. Der Heilige soll jüngeren und älteren Frauen bei der Suche des Mannes geholfen haben. Dazu heißt es: »Suchst du einen Mann, wallfahr' zu St. Roman.« Einer der bekanntesten Besucher des Wallfahrtsorts ist Heinrich Hansjakob. Der Volksschriftsteller hat die Bergpredigt auf dem Hauptfest des Heiligen beschrieben und zwei Strophen des Sankt Romaner Wallfahrtsliedes literarisch festgehalten.

Teufelstein bei St. Roman   Ab dem Hotel folgen wir der »Hut«-Beschilderung des Kleinen Hansjakobwegs bergauf Richtung Teufelstein. Oberhalb der Wallfahrtskirche führt der Jakobsweg in den Wald. Bei der

Vor der Rückkehr nach St. Roman ist die Vesperstube Auerhahn der ideale Ort für eine letzte Rast.

Linke Seite: Oben waren diese zwei Helden ganz flink, runter ging es dann auch irgendwie.

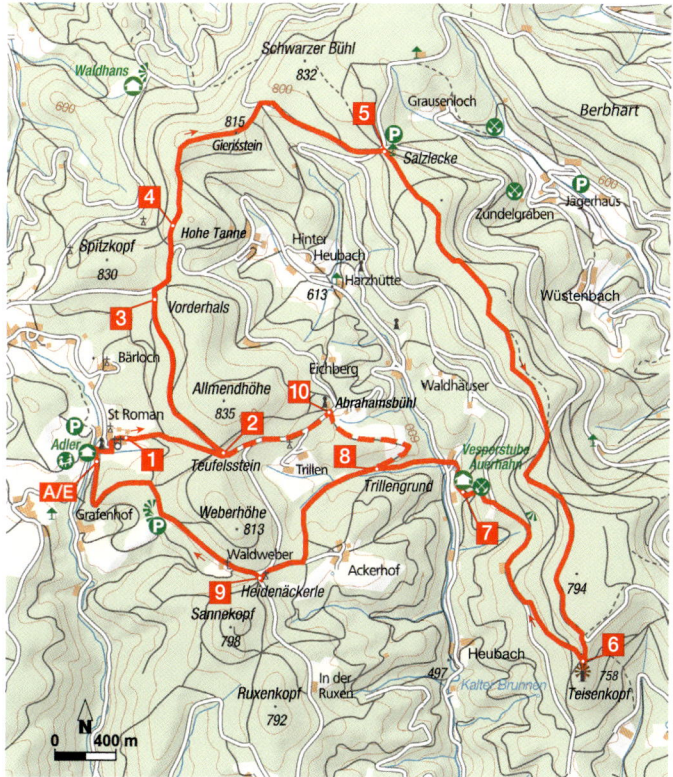

nächsten Verzweigung halten wir uns links und erreichen nach rund einem Kilometer den ❷ **Teufelsstein**. Der Sage nach ist die Geschichte des Steins eng mit der Wallfahrtskirche verbunden. Demnach hatte der Teufel die Bauern tatkräftig bei den Arbeiten auf der Anhöhe zwischen Heubach und Langenbach unterstützt. Allerdings dachte er, dass dort ein Wirtshaus entstehe, in dem dann ordentlich gezecht und gesündigt werde.

Als er seinen Irrtum bemerkte, brach er vor Wut einen mächtigen Felsblock aus dem Gipfel eines Bergs, um ihn auf die Kirche mitsamt den frommen Arbeitern zu werfen. Auf dem Weg zu seinem Verbrechen fragte ihn ein Wanderer, was er vorhabe, und riet ihm, sich zu schonen. Gut ausgeruht werde der Wurf besser gelingen. Tatsächlich legte der Teufel den Stein ab und hielt ein Nickerchen. Doch danach war es ihm

Die Variante über den Abrahamsbühl führt an dieser mächtigen Linde vorbei.

nicht mehr möglich, den zuvor für ihn leichten Stein anzuheben, sodass er ihn in seiner Wut schließlich zerkratzte. Seine Fingerabdrücke sind in dem Buntsandstein deutlich zu sehen. Der Zauber wirkt übrigens bis heute. So haben auch wir es nicht geschafft, den als Naturdenkmal geschützten Klotz von Hand zu bewegen.

Spazieren oder Wandern? Direkt beim Teufelsstein wechseln wir auf den Kinzigtäler Jakobusweg und biegen scharf links nach Vorderhals ab. Damit halten wir uns bei der nächsten Weggabelung rechts und passieren den St. Romaner (824 m) auf seiner Westseite. Nach 1,2 Kilometern (ab Teufelsstein) kommen wir zum Wegweiser ❸ Vorderhals. Die Spaziergänger unter uns können hier links abbiegen. Für sie ist die Tour dann nach insgesamt knapp fünf Kilometern beendet. Als Wanderer biegen wir also rechts ab und folgen dem Jakobusweg über »Hinterhals« zur ❹ Hohen Tanne. Der als Naturdenkmal geschützte und 45 Meter hohe Nadelbaum stand schon im 18. Jahrhundert auf der Passhöhe zwischen dem Heubach- und dem Tiefenbachtal.
Weiter geht es über einen Pfad (blaue Raute) durch den Wald. Wo er in einen Forstweg mündet, folgen wir diesem ein paar Schritte, wechseln bei der nächsten Gelegenheit aber links auf den nächsten Pfad, überqueren den Sättelekopf (815 m) und biegen am unteren Ende des Steigs rechts zur ❺ Salzlecke ab. Direkt vor der auf der Lichtung errichteten Holzhütte wechseln wir vom Jakobusweg auf den Mittelweg und folgen der roten Raute mit weißem Strich Richtung Teisenkopf.

Auf dem Mittelweg zum Teisenkopf Die nächsten 4,5 Kilometer sind etwas für Genießer: Der Mittelweg verläuft zwischen der Salzlecke und dem Teisenkopf ohne große Anstiege über den sonnigen Bergkamm. Immer wieder ergeben sich schöne

Aussichten nach Westen über das Heubachtal zum benachbarten Höhenzug mit den bereits hinter uns liegenden Gipfeln von St. Romaner, Stirnle (801 m) und der Allmendhöhe (836 m). Doch auch der lückige Mischwald entlang des Mittelwegs hat seinen Reiz.

Beim Wegweiser »Teisenkopf« angekommen, sind der Teufelsstein und St. Roman schon wieder angeschrieben. Bevor wir dem Nebenwanderweg rechts ab folgen, machen wir einen Abstecher zum nahen ❻ **Teisenkopfturm**. Der Schutz- und Aussichtsturm bietet uns einen weit reichenden Blick über die stark bewaldeten Hügel rund um das Kinzigtal. Direkt vor dem Turm bietet der großzügig angelegte Rastplatz eine sehr schöne Möglichkeit für eine längere Pause. Zurück beim Wegweiser geht es anschließend mit der gelben Raute über schmale Pfade bergab zur ❼ **Vesperstube Auerhahn** – die nächste schöne Gelegenheit, Hunger und Durst zu stillen.

Wanderer am Scheideweg Am Wegweiser »Heubach, Auerhahn« treffen wir erneut auf den Hansjakobweg. Auf diesem geht es über den Trillengrundweg durch das Trillenbächletal zum ❽ **Trillengrund**. Dort angekommen, haben wir zwei Möglichkeiten für den letzten Abschnitt dieser Wanderung: Entweder biegen wir scharf rechts ab und folgen dem Hansjakobweg über den ❿ **Abrahamsbühl** zum ❷ **Teufelsstein** und steigen über den bereits bekannten Weg nach St. Roman ab. Oder wir laufen weiter dem Trillenbächle entgegen und mit der gelben Raute über das ❾ **Heidenäckerle** zurück zum Ausgangspunkt am Naturparkhotel Adler.

Kleiner Hansjakobweg

Der 54 Kilometer lange Hansjakobweg führt den Wanderer an zahlreichen Schauplätzen der Erzählungen von Heinrich Hansjakob vorbei. Am Wegrand geben 50 Tafeln Informationen zur Heimatgeschichte und Heimatkunde. Diese beruhen vor allem auf dem Werk des Schiltacher Heimatforschers Hermann Fautz (1898–1979), »Aus der Werkstatt Heinrich Hansjakobs«.

Den Teufelsstein anzuheben ist auch für Menschen unmöglich, darauf zu sitzen hingegen ein Kinderspiel.

25

Schenkenzell

Vergangenes Kloster, vergebener Schatz

● 🥾 🏔 🧭 🚌
Mittel   17 km   580 Hm   4–5 Std.

Tourencharakter
Mittelschwere Wanderung über
meist bequeme Wege und Pfade;
längerer Anstieg auf den Teisenkopf, ansonsten gut zu bewälti-
gende Auf- und Abstiege.

Ausgangs-/Endpunkt
Schenkenzell Ortsmitte, 352 m

Höchster Punkt
Teisenkopf, 780 m

Anfahrt
gps 48.31030, 8.37250
Von der B 462 Rottweil – Hausach
bei Schiltach auf die B 294
Richtung Alpirsbach abbiegen,
weiter bis zur Ortsmitte von Schenkenzell.

Anfahrt mit Bus & Bahn
Es bestehen einige Bus- und Bahnverbindungen ab Offenburg, Freudenstadt, Alpirsbach und Bad
Griesbach zur Haltestelle Schen-
kenzell/Bahnhof.

Gehzeiten
Schenkenzell – Kloster Wittichen
1.15–1.30 Std., Wittichen – Mattenweiher 1 Std., Mattenweiher –
Teisenkopf 0.20–0.30 Std., Teisenkopf – Schiltach 1.15–1.30, Schiltach – Schenkenzell 1 Std.

Einkehr
Pizzeria Schenkenburg, www.
schenkenburg.com; Mi. bis Mo. von
11.30–14 Uhr und ab 17 Uhr, Di.
Ruhetag; toller
Rastplatz auf dem Teisenkopf

Karte
Karte des Schwarzwaldvereins
1:25 000, W240 Oberndorf

Beste Jahreszeit
April bis Oktober

Informationen
Touristinformation Schenkenzell,
Tel. 07836/93 97 51,
www.schenkenzell.de

Schenkenzell ist die kleinste eigenständige Gemeinde im
Schwarzwald. Gemessen an den Wanderwegen aber zählt
der Luftkurort an der Kinzig zu den ganz Großen. Denn
hier treffen der Flößerpfad und der Pilgerweg Rotten-
burg – Thann aufeinander. Auch der Schwarzwald-Ost-
weg ist nicht fern. Wir hingegen folgen zunächst dem
Kleinen Hansjakobweg.

Tal der Kleinen Kinzig Der Ausgangspunkt zu dieser Wanderung befindet sich in der Ortsmitte von Schenkenzell, nahe den Parkplätzen an der
Bahnhofsstraße und an der Kinzig. Auch zum Bahnhaltepunkt ist es
nicht weit. Das erste Ziel des Tages, ❶ Kloster Wittichen, ist hier bereits
ausgeschildert. Der Weg dorthin verläuft die ersten 300 Meter auf der

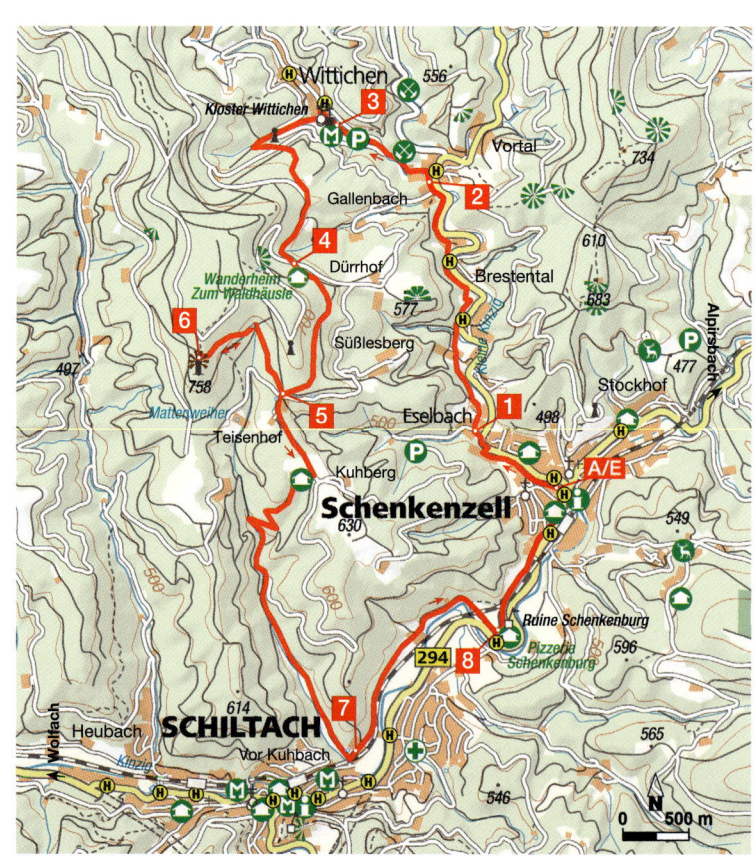

Reinerzaustraße und damit rechts der Kleinen Kinzig, dann – beim Jesuskreuz abbiegen – links des Bachs. Auf dem Kinzigtäler Jakobusweg verlassen wir bald das malerische Schenkenzell. Dieser flache Abschnitt eignet sich bestens, um sich für die späteren Anstiege warmzulaufen.

Kurz vor Eselgrund geht es über eine gedeckte Holzbrücke nochmals kurz auf die Reinerzaustraße, eh wir wenige Schritte später erneut die Seite der Kleinen Kinzig wechseln und den Wegweiser »Eselbach« erreichen. Wer nur eine kurze Runde laufen will, kann hier zum Teisenkopf und nach Schiltach abbiegen. Wir aber bleiben auf dem Kinzigtäler Jakobusweg, passieren ein Sägewerk und wandern parallel zur Kleinen Kinzig bis Vortal. Auf dem Weg kommen wir an der ehemaligen Farbmühle vorbei, in der ab dem 17. Jahrhundert Speiskobalt verarbeitet wurde. Die Flößer nahmen den Schwarzwälder Kobalt dann mit nach Holland, wo er als Grundlage der Porzellanfarbe »Delfter Blau« diente.

Kloster Wittichen   Nachdem wir das Gallenbächle überquert haben, biegen wir in ❷ **Vortal** links zum Kloster Wittichen ab. Damit kehren wir der Kleinen Kinzig (auch Reinerzauer Bach) den Rücken und wandern dem Klosterbach auf der wenig befahrenen Straße entgegen. Nach 450 Metern wechseln wir halb rechts auf einen deutlich ansteigenden Pfad. Alternativ kann man auch auf der Straße bleiben und den Anstieg auslassen, dann verpasst man aber einen hübschen Ausblick auf das Kloster Wittichen. Wo sich der Pfad gabelt, geht es dann links hinunter zum ❸ **Kloster Wittichen**.

Die Gründung des Klosters geht auf die mittellose, aber hilfsbereite Nonne Luitgard zurück. Als junges Mädchen war sie in Vortal für ihren christlichen Lebenswandel bekannt. So schaffte sie es, allein durch mitleiderregendes Flehen einen Gefangenen aus dem Schloss Wittgenstein zu befreien. Mit zwölf trat sie in das Kloster von Oberwolfach-Rankach ein und stieg bald zur Oberin auf. Dort vernahm sie eine Stimme,

Beim versteckt gelegenen Mattenweiher beginnt der Abstecher auf den Teisenkopf.

Wer suchet, der findet: In der Ruine Schenkenzell soll sich ein verborgener Schatz befinden.

die ihr gebot, mit ihren 34 Mitschwestern ein eigenes Kloster nahe Vortal zu gründen. Allein an den Mitteln fehlte es. Zudem waren die Wälder bei Wittichen abgeholzt, sodass die wenigen Helfer nur das Bauholz für ein ärmliches Klösterlein zusammenbrachten. In ihrer Not betete Luitgard zu Gott, er möge ihr gerade mal begonnenes Werk segnen. Wie durch ein Wunder soll danach geeignetes Bauholz so schnell gewachsen sein, dass man das Kloster Wittichen bauen konnte. Der erste, 1325 errichtete Klosterbau brannte 1327 nieder. Nur zwei Jahre später gelang es Luitgard, ihr Kloster größer und stattlicher wiederaufzubauen.

Sage vom Burggeist

Laut einer Sage lebt in der Ruine Schenkenzell ein Burggeist. Dieser erschien eines Tages mehreren Bauern, von denen er einen mit in die Burgruine nahm. Dort öffnete der Geist eine schwere Tür, die dem Bauern trotz seiner Besuche auf der Burg nie zuvor aufgefallen war, und führte ihn durch einen Gewölbegang bis zu einer Kiste. Er forderte den Bauern auf, die Kiste zu öffnen; und siehe da, sie war bis zum Rand mit Gold gefüllt. Der Bauer sollte so viel davon herausnehmen, wie er tragen konnte. Um nicht habgierig zu wirken, nahm dieser aber nur eine Hand voll Münzen an sich und behauptete, nun genug Reichtum zu besitzen. Später, so dachte der Bauer, könnte er ja den Rest des Schatzes holen. Zu seinem Unglück konnte er die Tür bei seiner Rückkehr aber nicht mehr finden. Sie war für allezeit verschwunden.

Abstecher zum Teisenkopf Mit der Besichtigung der erhaltenen Klosterkirche kann man sich ruhig Zeit lassen, um neue Kräfte zu sammeln. Denn hier wechseln wir vom Hansjakobweg auf deutlich steilere Pfade: Mit der gelben Raute geht es zunächst auf dem geologischen Lehrpfad entlang des Klosterbachs. Nach 550 Metern überqueren wir den Bach und folgen der gelben Raute weiter durch den Wald. Durch mehrere abzweigende Holzwege ist der Wanderweg nicht immer eindeutig zu erkennen. Im Zweifelsfall bleibt man in etwa geradeaus auf dem bestbefestigten Pfad. Nach 1100 Metern wird das Gelände flacher. Wenige Schritte weiter mündet der Pfad dann in eine Forststraße. Nachdem wir auf dieser das ❹ **Wanderheim Zum Waldhäusle** passiert haben, folgen wir dem Nebenwanderweg über idyllische Waldpfade zum ❺ **Mattenweiher**.

Bei dem zwischen 1980 und 1984 angelegten Weiher biegen wir rechts auf den Mittelweg ab und gewinnen auf dem nächsten Kilometer gut 120 Höhenmeter. Zugegeben, vor allem die letzten 500 Meter gehen kräftig in die Beine. Umso schöner ist dafür die Aussicht, die sich uns vom überdachten ❻ **Aussichtsturm auf dem Teisenkopf** über die Hügel rund um das Kinzigtal bietet. Der großzügig angelegte Rastplatz kommt wie gerufen. Wieder bei Atem geht es danach auf demselben Weg zurück zum ❺ **Mattenweiher**.

Fachwerkidyll und Schenkenburg Der Abstieg nach Schiltach ist einfach: immer der Markierung des Mittelwegs (rote Raute mit weißem Strich) nach. Beim Johannesharderhof biegen wir also rechts ab, steigen durch den Wald hinunter zum Kuhbach und folgen diesem bis zum Wegweiser ❼ **Vor Kuhbach**. Hier lohnt sich ein Abstecher in die Altstadt von Schiltach. Der historische Ortskern ist wegen seiner vielen gut erhaltenen Fachwerkhäuser ein beliebtes Ausflugsziel im Kinzigtal. Anschließend geht es von »Vor Kuhbach« mit der blauen Raute durch das Kinzigtal zur ❽ **Ruine Schenkenburg**. Die Ministerialburg wurde zwischen 1220 und 1250 gebaut und gehörte ab 1301 zum Besitz der Geroldsecker. 1534 wurde sie auf Befehl von Graf Wilhelm von Fürstenberg gestürmt und zerstört. Von der Burg sind noch Teile des Bergfrieds und vom Palas erhalten. Nach dem Rundgang durch die Burgruine wandern wir mit der blauen Raute bzw. auf dem Flößerpfad zurück nach Schenkenzell, wo diese aussichts- und abwechslungsreiche Wanderung endet.

Über Waldwege und Pfade geht es vom Kloster hinauf zum Mattenweiher.

26 Glaswaldsee

Eine Runde wie aus einem Märchen

Mittel 11,5 km 430 Hm 3.30–4 Std.

Tourencharakter
Der Abstieg zum Glaswaldsee und entlang der Teufelskanzel erfordert Trittsicherheit; ansonsten bequeme Wanderung über Waldweg und Pfade. Bei Nässe Gefahr durch Glätte.

Ausgangs-/Endpunkt
Mülbensattel, 706 m

Höchster Punkt
Lettstädter Höhe, 968 m

Anfahrt
gps 48.43320, 8.23730
Von der B 428 Freudenstadt – Kehl bei Bad Peterstal auf die L 93 Richtung Schapbach abbiegen, nach 2 km bzw. oberhalb von Freiersbach links abbiegen und den Schildern zum Mülbensattel in den Wald folgen.

Anfahrt mit Bus & Bahn
Der Mülbensattel ist mit öffentlichen Verkehrsmitteln nicht zu erreichen.

Gehzeiten
Mülbensattel – See-Ebene 1 Std., See-Ebene – Teufelskanzel 1.30 Std., Teufelskanzel – Wasserfall 0.45 Std., Wasserfall – Mülbensattel 0.45 Std.

Einkehr
Keine Möglichkeit, dafür sehr schön gelegene Rastplätze oberhalb und am Glaswaldsee

Karte
Karte des Schwarzwaldvereins 1:25 000, W235 Freudenstadt

Beste Jahreszeit
Mai bis Oktober

Informationen
Kur und Tourismus GmbH Bad Peterstal-Griesbach,
Tel. 07806/910 00,
www.bad-peterstal-griesbach.de

Westweg und Renchtalsteig steuern beide die Lettstädter Höhe an. Umgeben von den Bädern Peterstal und Griesbach im Westen und Norden sowie Rippoldsau und Schapbach im Osten und Süden besticht die Anhöhe mit einer traumhaften Sicht auf das dunkle Auge des Glaswaldsees. Dort, wo heute der Seegrund ist, soll einst ein Schloss gestanden haben.

Irgendwo im Nirgendwo Im Allgemeinen haben wir bei den Ausgangspunkten darauf geachtet, dass sie auch mit öffentlichen Verkehrsmitteln erreichbar sind. Im Speziellen kann bei dieser Tour keine Rede davon sein. Schon die Anfahrt auf den Mülbensattel gleicht einem Abenteuer. Um nicht zu sagen: Auf den letzten zweieinhalb Kilometern zwischen der L 93 und dem Wanderparkplatz hatten wir nach jeder zweiten Kurve eine Schranke erwartet. Angekommen sind wir dennoch.
Direkt auf dem Mülbensattel kreuzen sich zwei Wanderwege. Wir wählen den mit der blauen Raute und steigen rechts vom Miliz-Brunnen hinauf zum Wegweiser ❶ Buche. Nach links zweigt ein Nebenwanderweg zur Sexauer Hütte ab (gelbe Raute). Da dies der Rückweg dieser Tour ist, bleiben wir auf dem breiten Forstweg und folgen der blauen Raute

Der Milizbrunnen auf dem Mülbensattel

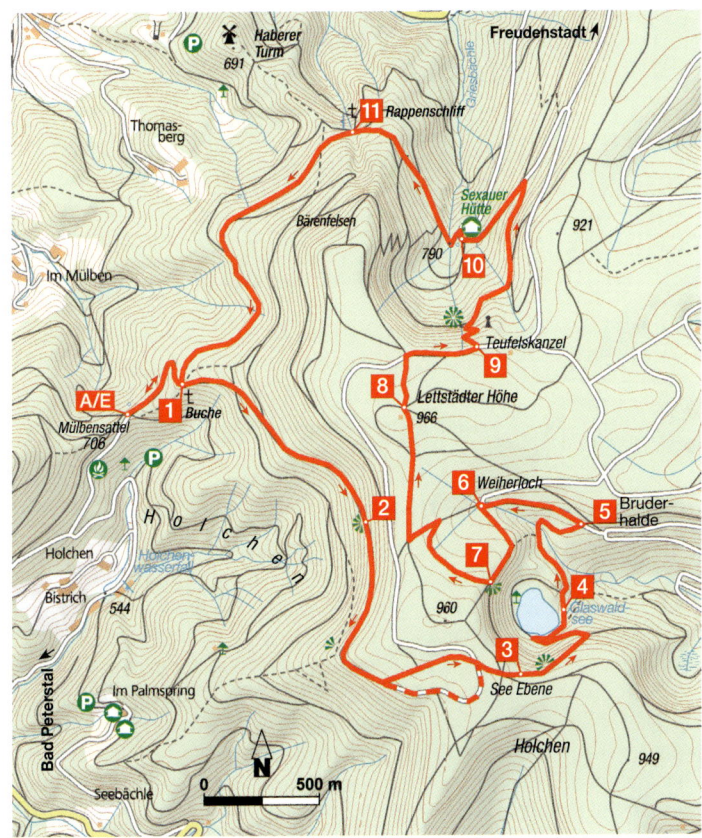

Ausblick vom Seeblick auf den Glaswaldsee

über den »Bierlessteinweg« zum Lengenberger Ries. Auf halbem Weg dorthin gibt der Wald die ❷ **Sicht nach Westen** zum nahen Überskopf (848 m) und dem Höhenzug jenseits der Rench frei.

Renchtalsteig trifft Westweg Direkt beim Lengenberger Ries gesellt sich der Renchtalsteig zu unserem Wanderweg. Auf diesem wechseln wir rund 150 Meter weiter links vom Forstweg auf einen Pfad. Wer die Runde bei Schnee läuft, kann alternativ noch auf dem Forstweg bleiben und sich erst bei der nächsten Verzweigung links halten. Beide Varianten treffen beim Wegweiser »See-Ebene, Straße« wieder zusammen. Bis zur ❸ **See-Ebene** sind es noch rund 100 Meter.

Auf der See-Ebene treffen Renchtalsteig und Westweg wie auch der Europäische Fernwanderweg E1 zusammen. Alle drei führen links direkt zum ❼ **Seeblick**. Das ist sicherlich schön. Span-

nender ist es jedoch, erst zum See abzusteigen, um später mit stolz geschwellter Brust auf die eigene Leistung zu blicken. Also verlassen wir die berühmten Wanderwege und folgen der blauen Raute über den steinigen Pfad hinunter an den ❹ **Glaswaldsee**.

Die Nixe vom Glaswaldsee Einer Sage zufolge soll im Glaswaldsee einst eine Nixe gelebt haben, welche für den Bauern vom Seeebenhof arbeitete. Täglich kam sie aus dem Wildsee, wie der See früher genannt wurde, weckte das Gesinde, half bei täglichen Dingen und pflegte das Vieh. Abends aber kehrte sie zurück in den See. Außer Frühstück, Mittag- und Abendessen, das sie getrennt von den anderen unter einer Treppe aß, wollte sie aber nichts annehmen. Auch sollte ihr der Bauer keine Kleidungsstücke geben. Als der Winter nahte und die Nixe nichts außer einer zerrissenen Jacke, einem alten Schlapphut und ständig feuchter Wäsche anzuziehen hatte, besorgte ihr der Bauer heimlich einen neuen Rock. Als er ihr den gab, erklärte die Nixe aber: »Wenn man mich auszahlt, muss ich gehen. Ich komme ab morgen nicht mehr zu euch.« Trotz der Beteuerungen des Bauern und seiner Frau, dass sie keinen Lohn, sondern ein Geschenk bekommen habe, kehrte die Nixe nicht mehr zurück. In einer anderen Fassung der Sage ist es ein Seemännlein, das dem Bauern half. Weitere Sagen berichten von einem Schloss oder einem Nonnenkloster, welches im Glaswaldsee untergegangen sein soll. Daher wird der See auch Nonnensee genannt.

Der heutige Name des Glaswaldsees geht auf eine

Der Weg entlang der Teufelskanzel ist bei Schnee mit Vorsicht zu genießen.

Glashütte zurück, die ganz in der Nähe stand. Um das Gewässer für die Holzdrift nutzen zu können, wurde der Wasserspiegel über eine Sandsteinmauer angehoben, die den See heute noch an seiner Westseite staut. Gemessen an seiner Größe von drei Hektar in der Fläche und bis zu elf Metern in der Tiefe besitzt der Glaswaldsee

Das Versunkene Schloss

Wo wir heute auf den Glaswaldsee blicken, lebte einst ein Schlossherr mit seinen sieben Töchtern. Sechs waren wie er: herrschsüchtig, grob und geizig. Für die Menschen hatten sie nichts übrig. Nur eine, die nach ihrer verstorbenen Mutter kam, kam gerne zu den Menschen ins Dorf und sorgte sich um die Armen und Kranken. So war sie denn auch nicht im Schloss, als sich eines Tages der Himmel verdunkelte, Blitz und Donner über die Berge zuckten und grollten. Der Boden öffnete sich und sog das Schloss in die Tiefe. Aus Angst vor ihrem jähen Ende schrien seine Bewohner um Hilfe, doch konnte sie niemand vor dem schwarzen Wasser retten, das den Boden überspülte und bald über den Schlossmauern zusammenschlug. Die siebte Tochter lebte fortan in einer Höhle, wo sie ein Wolf bewachte. Bis zu ihrem natürlichen Lebensabend soll sie weiter den einfachen Menschen im Dorf geholfen haben.

mit nur 190 Hektar ein sehr kleines Einzugsgebiet. Allerdings wird er von unterirdischen Zuflüssen sowie einer künstlichen Zuleitung gespeist.

Über den Seeblick zur Teufelskanzel Der anschließende Aufstieg erfolgt nördlich der Staumauer bzw. entlang der Zuleitung vom Oberen Seebach über ❺ **Bruderhalde** und, links ab (gelbe Raute), ❻ **Weiherloch**. Von dort sind es, links um die Kurve, noch 600 Meter bis zum ❼ **Seeblick**. Um freie Sicht auf den Glaswaldsee zu bekommen, laufen wir noch ein paar Schritte vom Wegweiser Richtung See-Ebene. Die aufgestellten Bänke und der Tisch kommen wie gerufen, um auf die bisherige Leistung anzustoßen.

Danach kehren wir zurück zum Wegweiser »Seeblick«, folgen dem Renchtalsteig bis zur ❽ **Lettstädter Höhe** und biegen dann rechts zur ❾ **Teufelskanzel** ab. Beim gleichnamigen Wegweiser zweigt links ein wenig auffallender Pfad ab. Hier beginnt der Abstieg entlang der Teufelskanzel. Wo der Fels zu steil abfällt, geht es über

Blick über den Glaswaldsee zur Staumauer

schmale und bei Nässe (und Schnee!) glatte Treppen. Dass das zur Sicherung angebrachte Holzgeländer mit Moos bewachsen ist, macht es nicht besser. Die spektakulären Aus- und Tiefblicke entlang der markanten Felsformation aber sind den Spaß wert.

Am unteren Ende der Teufelskanzel biegen wir rechts ab. Wir befinden uns übrigens schon wieder eine Weile auf dem Renchtalsteig, diesmal allerdings in der entgegengesetzten Richtung. Sei's drum. Beim Wegweiser »Teufelskanzelweg« haben wir das meiste geschafft. Um zum Mülbensattel zurückzufinden, biegen wir links ab und folgen dem Renchtalsteig über die ❿ **Sexauer Hütte** und »Wasserfall« bis zum Wegweiser ⓫ **Rappenschliff**. Von dort sind es dann noch rund 1,4 Kilometer über ❶ **Buche** zum Mülbensattel, wo wir uns sicher einig sind: Hätten wir auf diese Wanderung verzichtet, hätten wir etwas verpasst.

Nordschwarzwald

Blick vom Battert zum Merkur, dem Hausberg Baden-Badens (gr. B.). Holzbohlenwege führen über die ausgedehnte Grindenfläche der Hornisgrinde (u. l.). Wasserfall beim Edelfrauengrab (o. r.); im zeitigen Frühjahr blühen tausende Krokusse auf den Wiesen von Bad Zavelstein (u. r.).

27 Großvatertanne

Sehenswertes am laufenden Band

Leicht 7 km 130 Hm 2–2.30 Std.

Tourencharakter
Sehr leichte und abwechslungs-
reiche Runde auf meist bequemen
Wegen mit vielen Eindrücken
und Besonderheiten entlang der
Strecke.

Ausgangs-/Endpunkt
Bässler Brücke, 740 m

Höchster Punkt
Hochfläche bei rund 830 m

Anfahrt
gps 48.45680, 8.40740
Der Parkplatz an der Bässler Brü-
cke befindet sich direkt an der
B 28 von Freudenstadt Richtung
Kniebis bzw. am Abzweig auf die
L 405 nach Schömberg.

Anfahrt mit Bus & Bahn
Direkt beim Startpunkt befindet
sich die Bushaltestelle Freuden-
stadt/Straßburger Straße. Alternativ
kann man auch direkt beim Stadt-
bahnhof Freudenstadt starten. Der
Zugang erfolgt dann ab dem Marktplatz über den Mittelweg.

Gehzeiten
Bässler Brücke – Agnesruhe
0.30 Std., Agnesruhe – Großvatertanne 0.45–1 Std., Großvatertanne
– Bässler Brücke 0.45–1 Std.

Einkehr
Waldcafé Teuchelwald, Di.–So. von
11 bis 19 Uhr, Montag Ruhetag,
www.waldcafe-teuchelwald.de;
Friedrichs am Kienberg, täglich ab
11 Uhr, www.friedrichs-kienberg.de

Karte
Karte des Schwarzwaldvereins
1:25000, W235 Freudenstadt

Beste Jahreszeit
April bis Dezember

Informationen
Freudenstadt Tourismus,
Tel. 07441/86 47 30,
www.ferien-in-freudenstadt.de

Wem es nur darum geht, die größte Tanne im Schwarzwald zu sehen, wird überrascht sein, wie viel es in den
Wäldern zwischen Freudenstadt und dem Masselkopf
sonst noch zu entdecken gibt. Tatsächlich ist die Großvatertanne nur die höchste der Sehenswürdigkeiten, die wir
bei dieser kurzen Wanderung kennenlernen.

Auf der Teuchel-Trasse Das erste Stück dieser Runde führt von der Bässler Brücke zur ❺ Agnesruhe. Damit befinden wir uns auf einem Teilstück des Mittelwegs. Dass der Weg sehr gleichmäßig und sanft ansteigt,
hat historische Gründe. Denn in früheren Jahrhunderten verlief hier ein
Teuchel. Das ist eine hölzerne Wasserleitung, die aus ausgehöhlten

Baumstämmen besteht. Wie die von den Langwaldquellen bis zum Marktplatz in Freudenstadt unterirdisch verlegten Teuchel ausgesehen haben, zeigt ein erhaltenes Leitungsstück am Wegrand. Einen Steinwurf weiter passieren wir zunächst einen Brunnen, dann die ❶ **Tannenhütte**. Der Name ist Programm: Auf dem Dach wachsen neben Moos und Gräsern auch einige junge Nadelbäume.

Wiederum nur wenige Schritte weiter wechseln wir mit dem Mittelweg links auf den schmalen Pfad. Dieser entspricht auch dem Genießerpfad Tannenriesen, der uns durch den ❷ **Kohlwald** zum ❸ **Waldcafé Teuchelwald** führt. Das idyllisch im Wald gelegene Café geht auf einen 1892 gebauten Pavillon zurück. Im Lauf der Jahrzehnte hat die Gaststätte mehrfach den Besitzer gewechselt, wurde umgebaut und vergrößert. Eines ist aber gleich geblieben: Das Waldcafé ist eine beliebte und wunderbare Erholungsstätte mit erschwinglichen Preisen.

Auf den Spuren alter Gewerbe   Weiter geht es auf dem Kohlweg zur Agnesruhe. Der Weg führt an einer heute wenig spektakulär wirkenden Geländestufe vorbei. Es ist der Rest einer ❹ **historischen Laderampe**. Als das Holz noch mithilfe von Ochsen und Pferden aus dem Wald an die Forstwege gerückt wurde, konnte es von der Rampe mit geringem Kraftaufwand auf die Holzfuhrwerke gerollt werden. Die Steinmauer, welche die Rampe zum Weg hin sicherte, wurde bei der Einrichtung einer Langlaufloipe entfernt.

Gut 100 Meter weiter befindet sich die ❺ **Agnesruhe**. 1899 ließ an dieser Stelle der Privatier H. Feder aus New York zu Ehren seiner Frau eine Schutzhütte bauen. Hier verlassen wir den Mittelweg und folgen der gelben Raute über den Agnesruheweg

Kaum zu fassen: Die Großvatertanne ist der mächtigste Baum im Schwarzwald.

Auf der Tannenhütte wachsen neben Zwergsträuchern mehrere Nadelbäume.

Mit den Teucheln wurden einst Wasserleitungen im Schwarzwald verlegt.

zum ❻ **Parkplatz Lauferbrunnen**. Die Wegführung ist im Bereich der Landstraßen 404 und 405 nicht ganz einfach, der Wanderparkplatz mit dem 1912 installierten Fritz-Laufer-Brunnen aber gut zu finden.

Auf zur Großvatertanne Vom Parkplatz geht es über den Hardtweg zum ❼ **Schöllkopf**. Dort links auf den Waldpfad ab und weiter mit der gelben Raute Richtung Großvatertanne. Auf den nächsten Metern lohnt es sich, die Augen offen zu halten. So führt der Pfad zuerst an einem ❽ **Kohlenmeiler** vorbei und dann zu einem Nadelbaum, dessen Rinde auffallend eingeritzt ist. An dem Baum wird das Handwerk der Harzer dargestellt. Auf diese Weise wurden früher vor allem Fichten und Kiefern eingeritzt, um das aus der Wunde austretende Harz zu gewinnen. Dieses war im Mittelalter ein wichtiger Rohstoff für die Herstellung von Farben, Stiefel- und Wagenschmiere, Arznei und Pech. Die Schäden, die den Bäumen durch die Harzerei zugefügt wurden, führten 1920 zur Einstellung dieses alten Waldgewerbes.
Nachdem wir ein weiteres Mal die Landstraße überquert haben, kommen wir auf einem breiten Forstweg zur etwas abseits vom Weg stehenden ❾ **Großvatertanne**. Ein Grund, warum die 46 Meter hohe Tanne die umgebenden Bäume überragt, ist die frühere Nutzung dieses Gebiets. So erklärt ein Schild vor Ort: »Als Weidtanne wuchs die Großvatertanne lange Zeit freistehend auf einer Viehweide des Schöllkopfhofes heran.« Heute gilt die 250 bis 300 Jahre alte Tanne mit ihren 36 Kubikmetern Stammvolumen als mächtigste Tanne im Schwarzwald.

Auf dem Ostweg Zurück auf dem Wanderweg sind es noch wenige Schritte bis zum 810 Meter hohen ❿ **Masselkopf**. Hier treffen wir auf den Ostweg (schwarz-rote Raute). Über nahezu geradlinige Forststraßen geht es auf dem dritten der traditionellen Fernwanderwege des Schwarzwalds über »Lauterhütte«, »Äußere Riviera« und ⓫ **Wildhütte** auf die Friedrichshöhe (799 m). Das auffallendste Bauwerk auf der Anhöhe oberhalb von Freudenstadt ist der Herzog-Friedrich-Turm. Dieser Aussichtsturm wurde zu Ehren des Stadtgründers Herzog Friedrich I. durch den Schwarzwaldverein geplant und 1899 zur 300-Jahr-Feier der Stadt Freudenstadt eingeweiht.

Nach dem Abstecher auf den Turm passieren wir die Ausflugsgaststätte am Friedrichsturm. Gleich danach haben wir beim Wegweiser »Gartengolf« die Wahl: Wer auf kurzem Weg zurück zum Ausgangspunkt an der Bässler Brücke will, biegt links ab und folgt der gelben Raute durch den Park. Wer beim Bahnhof gestartet ist oder sich das Zentrum von Freudenstadt anschauen möchte, bleibt auf dem Ostweg, bis dieser auf dem größten Marktplatz Deutschlands mit dem Mittelweg zusammentrifft.

Der Friedrichsturm oberhalb von Freudenstadt

Allerheiligen-Wasserfälle

Sagenhafter Aufstieg zur Klosterkirche

Leicht | 4,7 km | 360 Hm | 1.30–2 Std.

Tourencharakter
Mit Treppen und Geländern gut gesicherter Aufgang entlang der Wasserfälle; oben leichte Höhenwanderung mit reizvollen Abstechern auf verschiedene Aussichtsfelsen.

Ausgangs-/Endpunkt
Parkplatz Wasserfälle, 518 m

Höchster Punkt
Passage südöstlich vom Hundskopf, 722 m

Anfahrt
gps 48.52830, 8.18820
Von der A 5 Freiburg – Karlsruhe Ausfahrt 54 abfahren und der B 28 bis Oppenau folgen. In Oppenau (im Kreisel) auf die Straßburger Straße abfahren, der Straße ins Lierbachtal bis zum Parkplatz folgen. Alternativ ist auch die Anfahrt über Ottenhöfen möglich.

Anfahrt mit Bus & Bahn
Es bestehen Busverbindungen ab den Bahnhöfen in Oppenau und Ottenhöfen zur Haltestelle Allerheiligen-Wasserfälle.

Gehzeiten
Parkplatz Wasserfälle – Kloster Allerheiligen 0.30–0.40 Std., Kloster Allerheiligen – Engelskanzel 0.35–0.45 Std., Engelskanzel – Parkplatz 0.25–0.35 Std.

Einkehr
Klosterhof Allerheiligen, Mo.–So. ab 11 Uhr, www.klosterhof-allerheiligen.de

Karte
Karte des Schwarzwaldvereins 1:25 000, W234 Achern

Beste Jahreszeit
April bis November

Informationen
Renchtal Tourismus GmbH, Tel. 07804/48 36, www.renchtal-tourismus.de

Die Klosterruine Allerheiligen befindet sich oberhalb der Allerheiligen-Wasserfälle, umgeben von Bergwiesen und weiten Wäldern. Die Abtei geht auf eine Stiftung von Uta von Schauenburg zurück. Im 13. Jahrhundert entwickelte sich das Kloster zu einer bedeutenden Pilgerstätte, als Folge der Säkularisation verfiel es jedoch ab 1803.

Wildromantischer Einstieg Wer nicht weit laufen möchte, um zur ersten Attraktion zu gelangen, wird diese Wanderung lieben. Vom Startpunkt an der Bushaltestelle oder dem Parkplatz sind es nur wenige Schritte auf dem Renchtalsteig bis zu den ❶ Allerheiligen-Wasserfällen. Über sieben Hauptkaskaden, Wasserrutschen und »Gumpen« rauscht der Lierbach knapp 90 Meter in die Tiefe. Die mit Treppen und Brücken gesi-

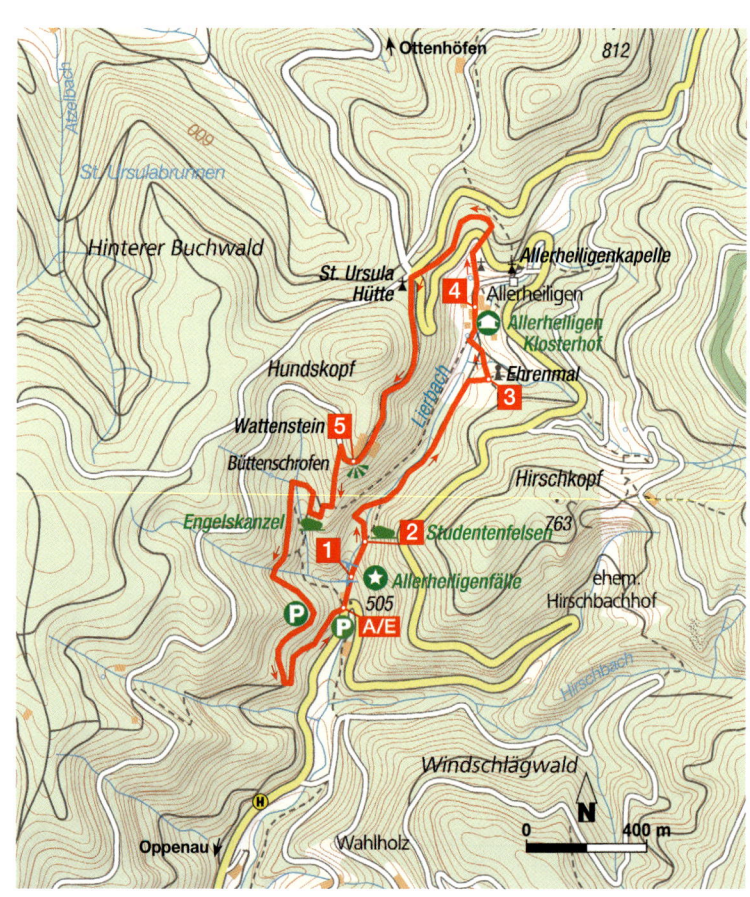

Aufstieg entlang der
Wasserfälle nach
Allerheiligen

cherte Schlucht wurde erst 1840 begehbar gemacht. Davor war sie für den Menschen unzugänglich. Das führte wohl mit dazu, dass sich mehrere Sagen um die steil aufragenden Felsen beiderseits der Schlucht ranken.

So sollen in einer 15 Meter langen Höhle im 16. Jahrhundert Zigeuner Zuflucht gefunden haben, nachdem sie für vogelfrei erklärt worden waren. Weil das Kloster sie duldete, rührten sie das Eigentum des Ordens nicht an. In der Umgebung aber sollen die Zigeuner neben ihren Geschäften als Wahrsager allerlei Diebesgut zusammengerafft haben. Die nur mit Mühe zu erreichende Felsenhöhle soll ihnen als sicheres Versteck gedient haben.

Studentenfelsen und das steinerne Bild   Zwei weitere Sagen berichten von tragischen Liebesbeziehungen, die in der engen Schlucht ihr Ende fanden. So soll ein junger Steinmetz mit einer Zigeunerin in einer Höhle gelebt haben. Nachdem sie ihn eines Nachts heimlich verlassen hatte, band er aus Leid ein Seil an eine Tanne, ließ sich in die Schlucht hinabgleiten und meißelte das Antlitz seiner Geliebten in die Felswand. Danach kappte er das Seil und stürzte so in den Tod.

Nicht besser erging es einem Junker aus Straßburg. Er hatte sich in Eda, eine bildhübsche Zigeunerin verliebt, die er auch heiraten wollte, sobald sie zum christlichen Glauben gefunden hätte. Als Zeichen seiner Liebe schenkte er ihr einen wertvollen Ring. Doch sie war unvorsichtig und legte den Ring auf einen Felsen. Während sie ihn betrachtete, stieß ein Rabe vom Himmel, stahl den Ring und brachte ihn zu seinem Nest auf einem hohen Felsen. Um den Schatz zurückzuholen, ließ sich der Jüngling an einem Seil den Felsen hochziehen. Dabei riss es und er stürzte in den Tod. Als sie ihn suchte, erging es Eda nicht besser: Um in die tiefe Schlucht schauen zu können, umklammerte sie einen Baumstamm, verlor dann aber die Besinnung und stürzte ebenfalls in die Tiefe. Der Felsen heißt seither ❷ Studentenfelsen oder Rabenschroffen. Auch ein Reiter soll während des Dreißigjährigen Kriegs bei seiner Flucht keinen Ausweg mehr gewusst haben, als sein Pferd zu einem gewaltigen Sprung über die Schlucht anzuspornen – das Vorhaben misslang und Ross und Reiter fanden auf den Felsen des Lierbachs den Tod.

Kloster Allerheiligen Das obere Ende der Wasserfälle ist bald erreicht, die Gefahr aber keineswegs gebannt. So soll in der Umgebung des Klosters Bruder Pauli als ruheloser Geist sein Unwesen treiben. Glaubt man den Erzählungen, so hat er manch einem Fuhrmann einen üblen Streich gespielt. Auch macht er sich einen Jux daraus, Heidelbeersuchern die Ernte auszuschütten. Also geben wir Obacht, nehmen aber doch den Umweg über das ❸ **Ehrenmal** des Schwarzwaldvereins. Es wurde 1925 zum Gedenken der im Ersten Weltkrieg vermissten oder gefallenen Mitglieder errichtet. Heute gilt die runde Gedenkstätte allen Verstorbenen des Schwarzwaldvereins.

Von der Gedenkstätte hat man eine gute Sicht über die nun offenen Wiesen des Lierbachtals und die nahe ❹ **Klosterruine Allerheiligen**. Die Mauern der Klosterkirche zählen zu den frühesten Beispielen gotischer Baukunst im Schwarzwald. Nachdem die Mönche das Kloster 1803 verlassen mussten, richtete allerdings ein Blitzeinschlag großen Schaden an. Dass das Kloster samt Kirche 1816 auf Abbruch veräußert wurde, machte es nicht besser. Nach der Erschließung der Wasserfälle setzte jedoch ein Umdenken ein, und es wurden Maßnahmen zum Erhalt der alten Gemäuer eingeleitet. Nachdem Karl Baedeker das Lierbachtal besucht hatte, fanden schließlich immer mehr Besucher zu dem Kloster, das noch im 19. Jahrhundert um zwei Kurhäuser ergänzt wurde.

Eine Überlebende Nach dem Besuch der Klosterkirche und einer ausgiebigen Pause im Gasthaus Allerheiligen folgen wir dem Renchtalsteig um die Allerheiligenkapelle, überqueren die K 5370 und gehen auf einem Wanderweg rechts von einem kleinen Parkplatz hinauf in den Wald. Nachdem der Wanderweg eine Linkskurve beschreibt, verläuft er etwa parallel zur Kreisstraße, bis wir diese unterhalb der Kapelle St. Ursula ein zweites Mal überqueren. Beim Wegweiser verlassen wir den Renchtalsteig und folgen der gelben Raute zur Engelskanzel.

Außer ein paar Wänden, gotischen Bögen und einem Turm blieb nicht viel von der Klosterkirche erhalten.

Der Weg führt über die Braunbergstraße östlich am Hundskopf vorbei und erreicht nach 700 Metern den ❺ **Wattenstein**, einen kleinen Aussichtsfelsen mit Rastbank. 100 Meter weiter biegen wir scharf links zur Engelskanzel ab, die über einen Pfad bald erreicht ist. Den Erzählungen zufolge soll eine Jungfrau vor »wildem Kriegsgesindel« auf den Felsen geflohen sein. Als die Verfolger näher rückten, musste sich die junge Frau entscheiden: Entweder ergab sie sich ihrem Schicksal und lebte fortan in entehrender Schmach oder sie sprang in den Tod. Im Gebet zu Gott sprang das Mädchen. Genau in dem Augenblick eilte ein Engel herbei, der es auffing und unversehrt rettete.

Vorsicht vorm Moospfaff   Wir vertrauen natürlich nicht auf solch ein Wunder, sondern genießen den herrlichen Ausblick von der Engelskanzel über das Lierbachtal und auf die gegenüberliegenden Felsen. Anschließend kehren wir zum nahen Wegweiser »Engelskanzel« zurück und folgen der Beschilderung zum Wasserfälle-Parkplatz. Mit etwas Pech begegnen wir auf diesem letzten Abschnitt der Tour dem Moospfaff. Wie Bruder Pauli war auch er ein Geistlicher des Klosters. Weil er auf dem Weg zu einem Sterbenden die Hostie verlor und nicht mehr wiederfinden konnte, wurde er dazu verdammt, »in der Moos zu geistern«. Fällt einem der Abstieg zum Parkplatz plötzlich immer schwerer, kann es daran liegen, dass sich der Moospfaff gerne auf den Rücken von Wanderern setzt, bis diese kaum mehr laufen können. Sollten Sie zu seinen Opfern zählen, reicht es aus, sich kurz zu schütteln und ihn damit abzuwerfen.

Über steile Treppen führt der Wanderweg auf die Engelskanzel.

29 Karlsruher Grat

Edelfrauengrab und Kletterpartie

Schwer 10,5 km 550 Hm 4–4.30 Std.

Tourencharakter
Technisch anspruchsvollste Tour dieses Wanderführers mit Kletterpartie über den Karlsruher Grat; Schwindelfreiheit erforderlich. Auf dem Grat sind Stöcke hinderlich, ansonsten aber von Vorteil.

Ausgangs-/Endpunkt
Bahnhof Ottenhöfen, 300 m

Höchster Punkt
Bosensteiner Eck, 823 m

Anfahrt
gps 48.56700, 8.15070
Von der A 5 Freiburg – Karlsruhe bei Ausfahrt 53 nach Achern abfahren, weiter auf der L 87 bis Ottenhöfen. Parkmöglichkeiten bestehen am Bahnhof und bei der Volksbank.

Anfahrt mit Bus & Bahn
Von Offenburg führt die Achertalbahn bis zur Endstation in Ottenhöfen.

Gehzeiten
Bahnhof Ottenhöfen – Edelfrauengrab 0.40 Std., Edelfrauengrab – Karlsruher Grat 1 Std., Karlsruher Grat – Bosenstein 1–1.15 Std., Bosenstein – Ottenhöfen 1.20–1.35 Std.

Einkehr
Gasthaus Bosenstein, Do.–Di. ab 10.30 Uhr, Mittwoch Ruhetag

Karte
Karte des Schwarzwaldvereins 1:25 000, W234 Achern

Beste Jahreszeit
April bis Oktober

Informationen
Touristinformation Ottenhöfen, Tel. 07842/804 44, www.ottenhoefen-tourismus.de

Diese Wanderung führt vom Mühlendorf Ottenhöfen durch die mystische Wasserfallschlucht des Gottschlägbachs und weiter über den Eichhaldenfirst zum Bosensteiner Eck. Der Aufstieg erfolgt über den bekanntesten Grat im Nordschwarzwald – gute Nerven und ein sicherer Halt sind auf den schroffen Felsen wichtig.

Hochmut kommt … Für den Einstieg gibt es zwei Möglichkeiten: entweder direkt bei der Endstation der Achertalbahn oder beim schattigen Parkplatz am Ende der Edelfrauengrabstraße. Bei der ersten Variante laufen wir vom Bahnhof über den Forstweg und die Allerheiligenstraße zur katholischen Kirche. Dort geht es erst links in die Albert-Köhler-Straße, dann rechts ab über den Schlosshof zum Gottschlägbach. Der Weg führt an der ❶ **Ruine Bosenstein** vorbei. Die im 11. Jahrhundert errichtete Festung wurde in den Wirren des Dreißigjährigen Krieges zerstört und 1840 abgerissen. Die spärlichen Mauerreste und der Graben der Anlage befinden sich in Privatbesitz.

Vom Schlossberg ist es noch ein Kilometer bis zum kleinen ❷ **Wanderparkplatz**. Für das Studium der Infotafeln können wir uns Zeit lassen, bis zum ersten Ziel der Wanderung ist es nicht weit: dem Gottschlägbach entgegen, vorbei am alten Gasthaus und hinein in die Schlucht. Mit Moos und Farnen überwucherte Felsen zeigen, dass es hier selbst an sonnigen Tagen kühl bleibt. Wenige Schritte weiter erreichen wir dann auch schon die Wasserfälle und das ❸ **Edelfrauengrab**. Der Sage nach soll die Her-

Wohl bekomm's: Vor dem Aufstieg auf den Eichhaldenfirst hält ein Brunnenkiosk kühle Getränke bereit.

rin von Bosenstein mit ihren Liebhabern in Saus und Braus gelebt haben, während ihr Gatte – der Ritter Wolf von Bosenstein – an einem Kreuzzug ins Heilige Land teilnahm.

... vor dem Fall Als eine Bettlerin mit sieben halb verhungerten Kindern am Schloss anklopfte, wurde sie von der Herrin verspottet. Die Bettlerin trollte sich. Ehe sie von dannen zog, belegte sie die Edelfrau jedoch mit folgendem Fluch: »Sieben Kinder sollst du auf einmal zur Welt bringen, alle so elend wie die, welche du verhöhnst.« Als sich der Fluch erfüllte, befahl die Schlossherrin, die Kinder zu ertränken. Wie der Zufall es wollte, kehrte an eben jenem Tag ihr Gemahl zurück. Ohne dass sie es mitbekam, nahm er die Kinder und ließ sie auf einer Burg im Elsass erziehen. Sieben Jahre später holte er sie zurück, damit sie bei einem Fest in Bettlerkleidung auftraten.

Als die Frage aufkam, was mit einer Mutter geschehen solle, welche ihre Kinder derart schlecht behandle, sprach die Edelfrau: »Diese solle bei einem Laib Brot und einem Krug Wasser lebendig eingemauert werden.« Damit hatte sie ihr eigenes Urteil verkündet. Der Ritter ließ seine Gemahlin in einer von Wasser geschaffenen Höhle im Schlägbachtal einmauern. Um sie von den Qualen zu erlösen, befahl er später, den Bach in die Höhle zu leiten. Seither heißt die Felsenhöhle »Edelfrauengrab«.

Die schroffen Felsen auf dem Eichhaldenfirst sind einst so manch einem Karlsruher zum Verhängnis geworden.

Romantisches Brückle und Brunnenkiosk Unterhalb und oberhalb des Edelfrauengrabs wechselt der Wanderweg mehrmals die Seite des Bachs und passiert bergan weitere, kleinere Kaskaden. Wo das Gelände flacher wird, führt ein Pfad zum ❹ **Romantischen Brückle**. Hier halten wir uns erst links (die Brücke nicht überqueren!), dann gleich wieder rechts und laufen den oberen Wasserfällen entge-

Vor der Rückkehr nach Ottenhöfen öffnet sich die Sicht nach Seebach.

gen. Kurz nach dem Deglerbad mündet der Pfad in einen breiteren Weg. Hier folgen wir rechts der gelben Raute Richtung Karlsruher Grat. Beim Wegweiser »Gottschlägtal« hält ein mit Bergwasser gekühlter ❺ **Brunnenkiosk** Getränke zur Erfrischung bereit.

Berühmt-berüchtigter Grat Hier verlassen wir das Gottschlägtal und wechseln auf den etwas steileren Pfad. Nachdem wir den aussichtsreichen ❻ **Herrenschrofen** passiert haben und zwei Schilder nach Ottenhöfen und Bosenstein sehen, biegen wir rechts ab zum ❼ **Karlsruher Grat**. Der ursprüngliche Name der stark zerklüfteten Felspartie lautet Eichhaldenfirst. Seit den 1920er-Jahren nutzten verstärkt Wanderer und Kletterfreunde aus Karlsruhe den Kamm, um für die Alpen zu trainieren. Viele bezahlten dies mit ihrem Leben. Zum Gedenken an die Opfer beschloss der Gemeinderat 1926, den Eichhaldenfirst in »Karlsruher Grat« umzubenennen. Wir sind gewarnt.

Rechts: Ausblick vom Karlsruher Grat über das Gottschlägtal

Der Ottenhöfener Mühlenweg

Der Luftkurort Ottenhöfen ist auch für seine gut erhaltenen, restaurierten Mühlen bekannt. Anfang der 1980er-Jahre wurde deshalb der Mühlenweg angelegt, der an neun Mühlen vorbeiführt. Auf der 13 Kilometer langen Strecke durchstreift der Wanderer einige reizvolle Seitentäler des Mühlendorfs. Einer der Ausgangspunkte befindet sich beim Bahnhof und dem Bürgerhaus. Der Weg ist mit einer gelben, teilweise auch blauen Raute und einem weißen »M« markiert, Abkürzungen sind möglich.

Noch bevor es über den Grat geht, lädt der erste Felsen zu einer Verschnaufpause ein. Auf dem nächsten Stück sind Wanderstöcke eher hinderlich, also weg damit. So haben wir die Hände zum Klettern frei und können die Aussicht vom Grat über das Tal genießen – und natürlich auch beobachten, wo Wanderer vor uns ihre Schwierigkeiten auf dem Kamm haben und wie sie diese meistern. Nach einer zweiten Pause am anderen Ende des Grats (hier geht es deutlich lebhafter zu, und man kommt leicht mit Gleichgesinnten ins Gespräch) folgen wir der blauen Raute nach Bosenstein. Wer sich die Kletterpartie nicht zutraut, kann den Eichhaldenfirst auf seiner Nordseite umgehen. In dem Fall biegt man erst beim Wegweiser ❽ **Dreierschrofen** rechts ab.

Beide Varianten treffen am Ostende des Grats wieder zusammen. Nach einem kurzen Stück auf der Kreisstraße bietet dann das ❾ **Rasthaus Bosenstein** die beste Gelegenheit auf der Strecke für die wohlverdiente Einkehr. Anschließend folgen wir der gelben Raute über »Am Grenzweg« und »Kleineck« mit der ❿ **Aussicht nach Seebach** sowie »Hagenbruck« zurück nach Ottenhöfen. Wer beim Wanderparkplatz Edelfrauengrab gestartet ist, bleibt zunächst auf der Straße Bosenstein und folgt ab den ersten Häusern der lokalen Beschilderung.

30

Mittel 8,5 km 270 Hm 3.30 Std.

Tourencharakter
Beim Abstieg zum Wildsee Trittsicherheit erforderlich, ansonsten leichte Bergwanderung über gut begehbare Wege und Pfade.

Ausgangs-/Endpunkt
Nationalparkzentrum Ruhestein, 917 m

Höchster Punkt
Wegweiser unterhalb Seekopf, 1039 m

Anfahrt
gps 48.56130, 8.22320
Zufahrten zum Ruhestein bestehen über die B 500 Baden-Baden – Freudenstadt (B 28), von Baiersbronn über die L 401 und von Achern über die L 87.

Anfahrt mit Bus & Bahn
Es bestehen Busverbindungen ab Baiersbronn, Achern und Baden-Baden Ruhestein.

Gehzeiten
Ruhestein – Abzweigung Wildseewegle 0.45–1 Std., Wildseewegle – Wildsee 0.45 Std., Wildsee – Darmstädter Hütte 1–1.15 Std., Darmstädter Hütte – Ruhestein 0.45 Std.

Einkehr
Darmstädter Hütte, ab 10 Uhr, www.darmstaedter-huette.de

Karte
Karte des Schwarzwaldvereins 1:25 000, W235 Freudenstadt

Beste Jahreszeit
Mai bis Oktober

Informationen
Baiersbronn Touristik, Tel. 07442/841 40, www.baiersbronn.de; Touristinfo Seebach, Tel. 07842/94 83 20, www.seebach-tourismus.de

Wildsee

Tückisches Gewässer beim Ruhestein

Diese kurzweilige Wanderung haben wir auch schon in »Männertouren Schwarzwald« beschrieben. Der Grund liegt auf der Hand: Die Runde vom Ruhestein über den Seekopf hinab zum Wildsee zählt zu jenen Wanderungen im Schwarzwald, die einen immer wieder von Neuem begeistern. Sie werden uns zustimmen.

Starthilfe am Ruhestein? Wenige Meter vom Ausgangspunkt am ❶ **Nationalparkzentrum** entfernt befindet sich die Talstation des Ruhestein-Sessellifts. Mit ihm ist es ein Leichtes, den Ruhesteinberg zu erreichen. Schöner jedoch ist es, die Anhöhe auf dem Westweg aus eigener Kraft zu erklimmen und die Serpentinen zwischen Tal- und Bergstation zu nutzen, um erste Eindrücke von der herrlichen Landschaft rund um den Ruhestein zu sammeln. Bis zum oberen Ende des Lifts benötigt man etwa 25 Minuten.

Oberhalb des im Winter als Skipiste genutzten Hangs führt der Westweg an ausgedehnten Grinden – mit Latschen und einzelnen Birken bewachsene Feuchtheiden – vorbei. Zäune zwischen dem bequem zu laufenden Weg und den Grinden schützen die empfindliche Vegetation vor Trittschäden und sollten deshalb nicht überwunden werden.

Nationalparkzentrum Ruhestein im Schwarzwald

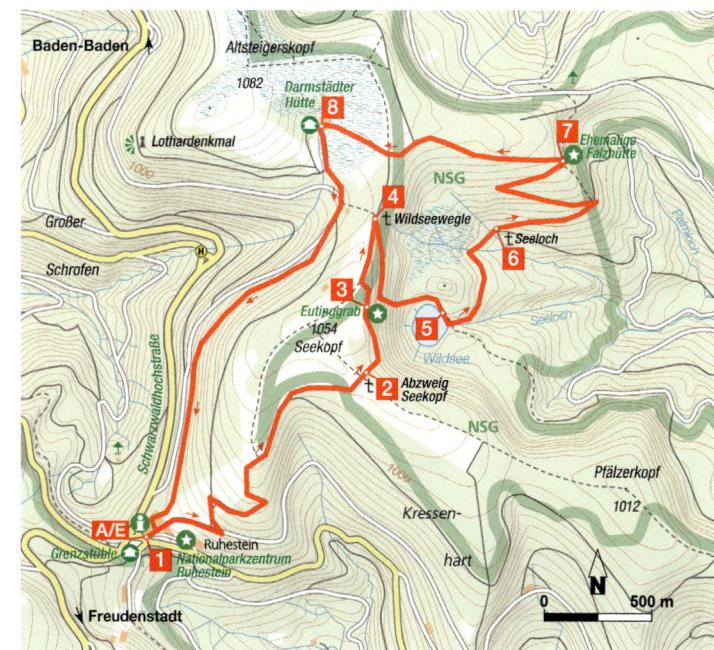

Stelldichein beim Ruhesteinvater Bald sind der Wegweiser beim ❷ **Abzweig zum Seekopf** und, 300 Meter weiter, das ❸ **Eutinggrab** erreicht. Die ungewöhnliche Ruhestätte wurde zu Ehren von Dr. Julius Euting eingerichtet. Als Vorsitzender des Verbands Deutscher Gebirgs- und Wandervereine hat sich Euting insbesondere für die touristische Erschließung des Höhenzugs Zuflucht – Ruhestein – Hornisgrinde stark gemacht. Seinem unermüdlichen Einsatz, aber auch seinem »urwüchsigen und volkstümlichen Wesen« hat der Professor den Beinamen »Ruhesteinvater« zu verdanken.

Ganz in der Nähe des Urnengrabs gibt der Bannwald erstmals den Blick auf den Wildsee frei. Zum Einstiegspunkt zu gelangen, ist allerdings nicht immer so einfach. So war der direkte Zugang gesperrt, als wir diese Tour das letzte Mal (im Herbst 2013) gewandert sind. Im Zweifelsfall folgt man der Umleitung bis zum nächsten Abzweig und biegt dann scharf rechts zum Wildseewegle ab.

Achtung beim Abstieg Am Wegweiser ❹ **Wildseewegle** warnt ein Schild vor dem Pfad hinunter an den Karsee: »Betreten auf eigene Gefahr. Nur für geübte Wanderer. Kein befestigter Weg. Rutsch- und Sturzgefahr. Pfad

Der Wildsee ist sagenumwoben – und zu jeder Jahreszeit schön

mit festem Schuhwerk zu begehen.« Wem dies nicht reicht, kann auf einem zweiten, kleineren Schild lesen, dass der schwierige Abgang zum Wildsee nur etwas für Trittsichere ist. Ursache für die Warnungen sind neben einigen unbequemen Sandsteinblöcken einige im Bannwald umgestürzte Bäume, die quer auf dem abschüssigen Pfad liegen und irgendwie überwunden werden müssen.

Die Mühe lohnt sich aber. So ermöglicht das Wildseewegle Einblicke in eine Natur, die sich seit mehr als 100 Jahren ohne jede menschliche Nutzung frei entwickeln kann. Altersschwache, kranke und abgestorbene Bäume bieten zahlreichen seltenen Arten, wie Gartenschläfer, Sperlingskauz und dem in den 1980er-Jahren als ausgestorben geltenden Dreizehenspecht, einen Lebensraum. Direkt daneben ringen junge Fichten um den besten Platz an der Sonne.

Neues Nationalparkzentrum Ruhestein

Der Neubau des Nationalparkzentrums soll ab dem Jahr 2020 Nationalparkbesuchern als zentrale Anlaufstelle dienen. Vom Foyer des Neubaus führt dann ein Skywalk in den Baumkronenbereich, wo er Einblicke in den benachbarten 120 Jahre alten Tannen- und Fichtenwald ermöglicht. Getreu dem Motto »was man kennt, das schützt man« wird mit Vorträgen und Ausstellungen das Bewusstsein für die Tier- und Pflanzenwelt in diesen sensiblen Lebensräumen geschärft.

www.schwarzwald-nationalpark.de

Das Spiel der Nixe Nach einer halben bis Dreiviertelstunde ist der Abstieg zum ❺ Wildsee geschafft, die Gefahr aber keineswegs gebannt. Denn glaubt man der Sage, kann der Wildsee einem Mann leicht zum Verhängnis werden. So soll ein junger Hirte, der seine Kühe weiter oben auf die Weide trieb, plötzlich das Spiel einer Harfe vernommen haben, das schöner war als jede Musik, die er je gehört hatte. Als er gebannt auf das dunkle Wasser starrte, breiteten sich von der Mitte des Sees Ringe aus, bis in deren Mitte eine Nixe auftauchte. Mit wallendem Haar und einer goldenen Leier kam sie ans Ufer geschwommen.

Dort setzte sie ihr Spiel fort und sang eine Weise, so wunderschön, dass selbst die Tiere aus dem Wald an den See eilten. Wie im Zauber gefangen, fand der Hirte zu der Überzeugung, dass Gesang, Musik und das »schönste Fräulein« nur ihm galten und er der Musik jeden Tag lauschen konnte, wenn er mit in die Tiefe des Sees stieg. So geschah es denn auch. Die Nixe setzte sich zu ihm und umfing ihn liebkosend, eh sie ihn mit sich zog und in der Flut verschwand. Der Hirte ward danach nie wieder gesehen.

Mehr Glück hatte die Tochter eines Harzers aus Buhlbach, die mit ihren Ziegen an den See kam. Ihr hatte man berichtet, dass im Wildsee böse Geister hausten, welche tagsüber als schwarze Fische zu erkennen seien. Als die junge Hirtin von Neugier getrieben ans Ufer trat, entdeckte es drei große Fische. Begleitet von einer eigentümlichen Musik kamen sie bedrohlich auf sie zu. Als sich das Mädchen abwendete und fliehen wollte, erblickte es einen vornehmen Reiter nahe einer verfallenen Wallfahrtskirche oberhalb des Sees. Von der Musik verzaubert, trieb er sein Ross den alten Pilgerpfad hinunter und in den See hinein. Das Mädchen entkam, Pferd und Reiter aber wurden wie der Hirte nie mehr gesehen.

Zur Darmstädter Hütte Heute verschwinden wohl keine Männer mehr im Wildsee. Eine zauberhafte Stimmung herrscht aber immer noch über dem dunklen Wasser. Sei es an einem kühlen Herbstmorgen, wenn Nebelschleier über den Karsee schweben, oder an einem sonnigen Nachmittag, wenn sich die umliegenden Wälder im Wasser spiegeln. Romantiker werden begeistert sein. So trifft es sich, dass die Wanderung bald über Wege verläuft, die hinauf zur Darmstädter Hütte ein trautes Nebeneinander ermöglichen.

Der Weg dorthin ist einfach zu finden: Vor dem Ausfluss des Wildsees – dem Seeloch – verlassen wir den Karsee und folgen der gelben Raute erst hinab zum Wegweiser ❻ **Seeloch**, dann in mehreren Kehren hinauf zur ❼ **ehemaligen Falzhütte** und weiter über »Bannwald« bis zur ❽ **Darmstädter Hütte**. Auf ihrer hübsch gelegenen Terrasse lässt es sich gut aushalten. Anschließend geht es erst mit der roten, ab »Skilift Darmstädter Hütte« mit der gelben Raute zurück zum Ruhestein, wo diese idyllische Runde endet.

Beim Abstieg zum Wildsee erschweren mehrere umgestürzte Bäume das Vorankommen.

Sasbachwalden

Über die Gaishöllwasserfälle in die Reben

Leicht   5 km   270 Hm   2–2.30 Std.

Tourencharakter
Leichte, reizvolle Wanderung über Wege und gut gesicherte Pfade; der Aufstieg entlang der Gaishöllwasserfälle erfolgt über Treppen und Brücken.

Ausgangs-/Endpunkt
Kurhaus Sasbachwalden, 250 m

Höchster Punkt
Spinnerhof, 500 m

Anfahrt
gps 48.61550, 8.13000
Von der A 5 Freiburg – Karlsruhe bei Ausfahrt 53 nach Achern abfahren, weiter auf der L 87 und, durch Achern, L 86 bis Sasbachwalden, dort der Talstraße bis zum Parkplatz beim Kurhaus und Erlebnisbad folgen.

Anfahrt mit Bus & Bahn
Es bestehen Busverbindungen ab dem Bahnhof Achern zur Haltestelle Sasbachwalden/Sparkasse, von dort über die Talstraße zum Kurhaus.

Gehzeiten
Kurhaus – Spinnerhof 1–1.15 Std., Spinnerhof – Straubenhöfmühle 0.30 Std., Straubenhöfmühle – Kurhaus 0.30–0.45 Std.

Einkehr
Spinnerhof sowie in Bischenberg und Sasbachwalden

Karte
Karte des Schwarzwaldvereins 1:25 000, W234 Achern

Beste Jahreszeit
Wanderung das ganze Jahr über möglich

Informationen
Touristinfo Sasbachwalden, Tel. 07841/10 35, www.sasbachwalden.de

Zwischen der Badischen Weinstraße und der Hochschwarzwaldstraße gelegen, zählt die Gemeinde Sasbachwalden zu den beliebtesten Ferienregionen im Naturpark Schwarzwald Mitte-Nord. Idyllische Fachwerkhäuser, sonnenverwöhnte Weinhänge und die gute Erreichbarkeit sind nur ein paar Gründe, warum auch Wanderer die Gegend lieben gelernt haben.

Aufstieg durch die Gaishölle Los geht es direkt beim Kurhaus von Sasbachwalden. Von hier folgen wir dem ausgewiesenen Zuweg zum Genießerpfad Alde Gott über die ❶ **Badische Bank** zur Unteren Gaishölle. Auf diesem ersten kurzen Stück eröffnen sich uns bereits die ersten schönen Ausblicke über die Weinberge von Sasbachwalden.
Durch das starke Gefälle hat der Brandbach die im Bachbett liegenden Felsen und Findlinge freigespült, sodass das Wasser heute über zahlreiche kleine Kaskaden und Wasserrutschen talwärts plätschert. Der Name der wildromantischen Schlucht geht darauf zurück, dass man in früheren Jahrhunderten nur kletternd und springend wie eine Geiß (Ziege) vorankam. Als »Hölle« wurde einst eine enge, wilde und mit Steinen und Fel-

Straubenhöfmühle

sen durchsetzte Gegend bezeichnet. Berichte über Teufelserscheinungen in der Gaishölle sind daher unbekannt. Heute erleichtern 13 Brücken und 225 Stufen den Aufstieg über die ❷ **Gaishölle Mitte** nach Bischenberg. Fotografen sollten für die Schlucht reichlich Zeit einplanen.

Die Gaishölle war für den Menschen früher nur mit Mühe zu bezwingen. Heute erleichtern Treppen und Brücken den Aufstieg.

Zu tief ins Weinfass geschaut? Am oberen Ende der Gaishölle biegen wir rechts ab, überqueren erst den Wanderparkplatz, dann die Bergstraße bzw. L 86. Gleich danach erreichen wir den ❸ **Spinnerhof**. Wer verspielte Architektur und Skulpturen mag, wird das Hotel und Restaurant lieben. In jedem Winkel gibt es etwas zu entdecken.

Vom Spinnerhof geht es dann zurück an die L 86 und auf der anderen Seite bzw. unterhalb der Bebauung links ab zur Straubenhöfmühle. Der Wanderweg dorthin verläuft in etwa parallel zur Landstraße durch den Wald, im weiteren Verlauf oberhalb der Weinberge. Ein Erlebnis, das »seinesgleichen sucht«, verspricht der Ferienhof Wild. Unter dem Motto ❹ **Schlafen im Weinfass** wurden mitten in den Reben mehrere 8000 Liter fassende Weinfässer aufgestellt, in denen je zwei Personen schlafen können.

Weiter geht es unterhalb der Landstraße bis zur ❺ **Straubenhöfmühle**. Die 1789 errichtete Mahl- und Sägemühle wurde in den Jahren 1983/84 und 2000/01 renoviert und die Technik wieder instand gesetzt. Das Mühlrad wird vom Wasser des Sasbachs angetrieben. Rechts ab begleitet uns der Bach dann auch wieder zurück nach Sasbachwalden, wo diese sowohl kurze als auch kurzweilige Wanderung endet.

32

Hornisgrinde und Mummelsee

Von Mümmlein und Naturgewalten

Mittel 4,5 km 140 Hm 1.30 Std.

Tourencharakter
Konditionell anspruchslose Wanderung, auf der Höhe führt die Wanderung über bequeme und breit angelegte Wege zum Bismarckturm und zurück durch das Hochmoor. Abstieg über Waldpfade, die etwas Trittsicherheit erfordern.

Ausgangs-/Endpunkt
Berghotel Mummelsee, 1030 m

Höchster Punkt
Bismarckturm, 1166 m

Anfahrt
gps 48.59660, 8.20190
Über die B 500 Baden-Baden – Freudenstadt bis zum Berghotel Mummelsee fahren. Parkplätze gibt es auf beiden Seiten der Schwarzwaldhochstraße.

Anfahrt mit Bus & Bahn
Ab den Bahnhöfen Achern und Baden-Baden bestehen Busverbindungen zur Haltestelle Mummelsee.

Gehzeiten
Mummelsee – Hornisgrindeturm 0.35 Std., Hornisgrindeturm – Bismarckturm 0.10 Std., Bismarckturm – Mummelsee 0.45 Std.

Einkehr
Grinde-Hütte, Di.–So. 11–20 Uhr, www.grindehuette.de; Gastronomie beim Berghotel Mummelsee

Karte
Karte des Schwarzwaldvereins 1:25 000, W234 Achern

Beste Jahreszeit
Winter

Informationen
Touristinformation Seebach, Tel. 07842/94 83 20, www.seebach-tourismus.de

Sie haben richtig gesehen: Für die kurze Runde vom Berghotel Mummelsee auf die Hornisgrinde empfehlen wir den Winter als beste Jahreszeit. Natürlich ist diese Tour auch während der anderen Jahreszeiten möglich. Dann aber herrscht ein solcher Trubel am See, dass wir hier kaum mehr von einer mystischen Wanderung sprechen können.

Sagenhafter Auftakt Wenn Minusgrade herrschen und die Wälder schneebedeckt sind, wenn Eis auf dem See schwimmt und sich die bunten Tretboote im Winterschlaf befinden, dann können wir den Reiz nachempfinden, den der Mummelsee seit jeher auf den Menschen ausübt. So gibt es gleich mehrere Abwandlungen der Mummelsee-Sage, die alle eines gemein haben: Sie enden tragisch. So heißt es, in dem tiefen See wohnten Mümmlein in einem Kristallschloss. Einst sollen die bildhübschen Seefräulein die einfachen Menschen bei der Arbeit unterstützt haben. Sie hüteten Kinder, halfen im Haus und unterhielten sich mit den Frauen in der Spinnstube. In der Nacht aber mussten sie wieder in ihrem Schloss auf dem Grund des Sees sein. So hatte es ihr König befohlen. Eine aber verliebte sich in den Sohn eines Bauern aus Seebach. Ob er die Uhr

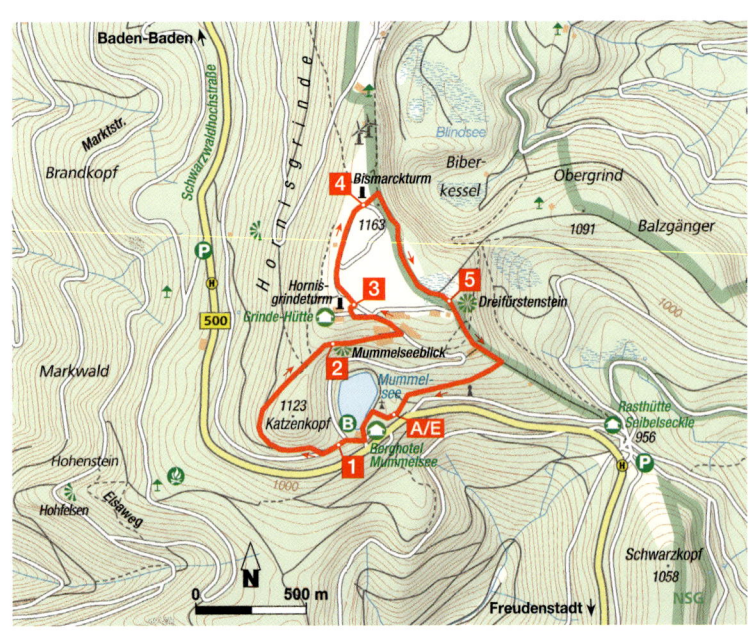

zurückgestellt hatte und sie daher zu spät zum See zurückkehrte oder sie beim Tanz nach der Kirchweih die Zeit vergaß, ist ungewiss. Sicher ist jedoch, dass sich die Unglückliche eines Abends zu spät von ihrem Geliebten trennte. Den Burschen jedoch hielten böse Träume wach. Als er ihr schließlich an den Mummelsee folgte und sah, wie sich das Wasser blutrot verfärbte, kannte er ihr Schicksal.

Sagenhafter Ausblick Vom ❶ **Berghotel Mummelsee** führen sowohl der Westweg als auch der Seensteig auf die Hornisgrinde. Beim Wegweiser »Katzenkopf« trennen sich jedoch beide Wege. Wir halten uns rechts und bleiben dem Seensteig treu. Ein kurzes Stück weiter ist der ❷ **Mummelseeblick** erreicht. Der Name ist Programm: Die Lichtung bietet eine tolle Sicht auf das knapp 100 Meter tiefer liegende Gewässer. 300 Meter weiter mündet der Pfad in die für Kraftfahrzeuge gesperrte Zufahrtsstraße zum ❸ **Hornisgrindeturm**, unserem nächsten Ziel.

Dort treffen wir wieder auf den Westweg, dem wir über die Hochfläche zum ❹ **Bismarckturm** folgen.

Der kleine und frei zugängliche Turm bietet eine schöne Aussicht über das Hochmoor der Hornisgrinde. Weiter geht es rechts über einen Holzpfad (gelbe Raute) zum ❺ **Dreifürstenstein**. Die markante Buntsandsteinplatte war ab 1722 Grenzstein zwischen Baden, Württemberg und Straßburg und ist mit 1151 Meter Höhe der höchste Punkt von Württemberg. Die gelbe Raute führt uns anschließend über den Schwabenwegbrunnen wieder hinab zum Mummelsee.

Starker Wind und hohe Luftfeuchtigkeit erschaffen im Winter wahre Kunstwerke auf der Hornisgrinde.

Hornisgrindeturm des Schwarzwaldvereins

Wandern im Winter

Bei wenig Schnee ist diese Tour auch mit hohen Wanderschuhen und einer entsprechend griffigen Sohle gut machbar. Meist haben schon andere Wanderer den Weg geebnet. Bei frisch gefallenem oder hohem Schnee empfiehlt sich der Umstieg auf Schneeschuhe. Diese werden zum Beispiel im Berghotel Mummelsee verliehen. Nach der Rückgabe kann man sich dort im gemütlichen Restaurant des Hotels auch gleich wieder aufwärmen und die Wanderung bei einem Stück Schwarzwälder Kirschtorte oder einem zünftigen Speckvesper ausklingen lassen.

33

Priorstein

Verfluchter Stein, sagenhafter Ausblick

Mittel · 18,5 km · 600 Hm · 5.30 Std.

Tourencharakter
Zu Beginn und gegen Ende der Wanderung treiben mehrere Anstiege den Schweiß auf die Stirn, sonst bequeme Höhenwanderung auf Wegen und Waldpfaden.

Ausgangs-/Endpunkt
Parkplatz beim Haus des Gastes in Tonbach, 588 m

Höchster Punkt
Hirschstein, 950 m

Anfahrt
gps 48.52990, 8.36250
Von der B 462 Freudenstadt – Rastatt bei Baiersbronn auf die Tonbachstraße abbiegen, in Tonbach »Am Schulhaus« abzweigen, weiter bis zum Parkplatz unterhalb der Kirche.

Anfahrt mit Bus & Bahn
Es bestehen gute Busverbindungen vom Bahnhof in Baiersbronn zur Haltestelle Waldlust in Tonbach.

Gehzeiten
Tonbach – Priorstein 1 Std., Priorstein – Huzenbacher Seeblick 2 Std., Seeblick – Tonbach 2.30 Std.

Einkehr
Auf der Strecke keine Möglichkeiten, dafür schöne Rastplätze beim Priorstein, Oberen Zinken und Huzenbacher Seeblick

Karte
Karte des Schwarzwaldvereins 1:25000, W235 Freudenstadt

Beste Jahreszeit
Mai bis Oktober

Informationen
Baiersbronn Touristik, Tel. 07442/841 40, www.baiersbronn.de

Die Gemeinde Baiersbronn ist für ihre Himmelswege bekannt. Allen gemein ist, dass sie aktive Naturliebhaber ansprechen, die es lieben, durch weite, ruhige Wälder zu wandern. Eine der schönsten dieser Strecken ist die Holzmachertour. Sie führt vom beschaulichen Tonbach bis zur Anhöhe oberhalb des Huzenbacher Sees.

Grenzerfahrungen im Dammerswald   Die Orientierung fällt auf dieser Runde leicht: ab dem Ausgangspunkt oberhalb des Hauses des Gastes immer dem »Kieferzapfen« nach. Vom Wanderparkplatz geht es links an der Johanneskirche vorbei und am Siedlungsrand von Tonbach bis zum Wegweiser ❶ Sonnenhalde. Hier kehren wir dem Ort den Rücken zu und steigen über einen steilen Holzmacherpfad zum Weißen Stein. Den Stich kann man ruhig langsam angehen. Denn auf nur 400 Metern Strecke gewinnt man 70 Meter in der Höhe. Dafür ist der steilste Abschnitt der Wanderung schon kurz nach dem Start geschafft.
Beim nächsten Wegweiser zweigt die Holzmachertour nach links auf den Wiedenberg, die Anhöhe zwischen Tonbachtal und Murgtal, ab. Noch bevor der Priorstein erreicht ist, passieren wir einen ❷ alten Grenzstein. Aber was heißt hier einen Grenzstein? Es ist eine kleine Gruppe von Steinen, die über einen Trampelpfad mit dem nun bequem zu laufenden

Blick auf den Huzenbacher See

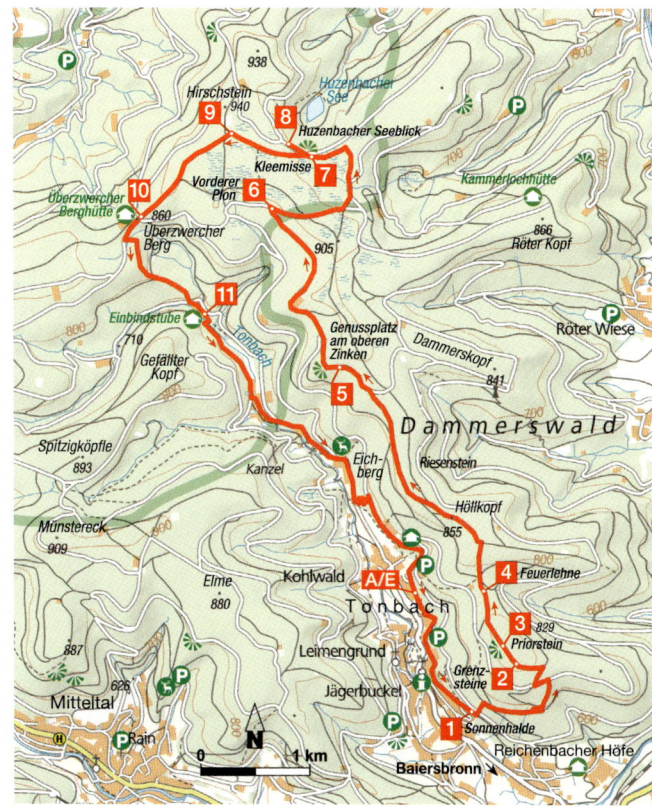

Wanderweg verbunden sind. Die grob behauenen und mit Wappen und Schriften versehenen Steine markieren die einst heftig umstrittene Grenze zwischen Baden und Württemberg.

Salbeofen oberhalb des Tonbachtals

Fluch des Priorsteins Einen Steinwurf von den Grenzsteinen entfernt befindet sich der ❸ Priorstein. Auch er diente dazu, die Grenze zwischen den badischen und den württembergischen Interessen zu beschreiben. Bekannt wurde der durch Wasser und Wind rund geschliffene Buntsandbrocken jedoch durch einen Fluch. Als der in früheren Jahrhunderten waldfreie Weideberg zum Kloster Reichenbach zählte, soll der Legende nach der vom Kloster beauftragte Waldhüter, das Petermännle, beim strengen Prior Johann Hügelin in Ungnade gefallen sein.

Nach seiner Entlassung soll das Petermännle verbittert auf einer ähnlichen Felsengruppe am Gegenhang Platz genommen haben. Von dort schleuderte er Flüche und Verwünschungen in Richtung Priorstein, da er dort seinen Feind, den Prior, zu erkennen glaubte. 1595 gingen seine Verwünschungen in Erfüllung, das Kloster wurde gestürmt und der Prior musste nach Horb an den Neckar fliehen. Heute lädt ein aussichtsreicher Rastplatz beim Priorstein zu einer ersten Pause ein.

Brandgefährliches Handwerk Vom Priorstein geht es über die ❹ Feuerlehne zu einem historischen Salbeofen. Das doppelwandige Bauwerk diente der Trockendestillation von harzigem Kiefernholz. Beim Salbe- oder Schmierbrennen wurde der Innenraum des Ofens mit kurzen Holzstücken, den Kienkippen, gefüllt und geschlossen. Anschließend entfachten die Arbeiter zwischen der Innen- und Außenwand ein Feuer. Die Hitze trennte das Holz in seine Grundsubstanzen. Nacheinander flossen Teerwasser, Kienöl und brauner Teer ab. Nach dem Erkalten des Ofens konnte die dabei entstandene Holzkohle entnommen werden. Fünf Personen waren bei dem sieben Tage andauernden Prozess beschäftigt. Sie führten bis zu 36 Destillationen im Jahr durch, wurden jedoch auf einen Schlag alle arbeitslos: Als im Jahr 1800 eine große Fläche Wald abbrannte, wurde das Salbebrennen verboten.

Sagenumwobener See Vom Salbeofen führt der Weg über den bewaldeten Höllkopf nach »Waldstieg« und weiter über »Oberer Eichberg«, dem ❺ Genussplatz am Oberen Zinken nach ❻ Vorderer Plon. Auf diesem rund 4,5 Kilometer langen Stück wird der Wald von mehreren offenen Flächen durchbrochen. Damit öffnet sich die Sicht nach Westen über das Tonbachtal zum Gegenhang und nach Süden zu den Höhenlagen zwischen Baiersbronn und Freudenstadt. Beim Vorderen Plon geht es rechts ab zum Kleemisswegle, dann zweimal links zum Wegweiser ❼ Kleemisse. Dort treffen wir auf die Murgleiter, der wir die 200 Meter bis zum ❽ Huzenbacher Seeblick folgen.

Um den Karsee ranken sich gleich einige Sagen. So soll sich in der Mitte des Sees ein stiller Wirbel befinden, welcher alle Fahrzeuge in die Tiefe zieht. Eine andere Legende berichtet von einem Seemännlein und einem Seeweiblein, an die sich die Bürger von Huzenbach gewöhnt hatten. Als ihre zwei Töchter jedoch bei einer Hochzeitsfeier im Ort zu Gast waren, nahm das Unglück seinen Lauf: Zwei Burschen verliebten sich in die beiden und hielten sie bis nach Mitternacht auf. Als sie die Schwestern endlich zum See begleiteten, hörte die ältere, wie die Eltern stritten. Die Burschen konnten dies nicht hören und verabschiedeten die Mädchen mit dem Wunsch, sie bald wiederzusehen. Diese baten die Burschen jedoch, am Ufer zu warten und das Wasser zu beobachten: »Bleibt es ruhig, ist alles gut, und wir kommen wieder. Doch wenn es sich mit Blut färbt, ist es uns schlimm ergangen.« Einer der Burschen blieb und sah mit Schrecken, wie der See nach einiger Zeit unruhig wurde und sich das Wasser rot färbte.

Eine dritte Sage erzählt von einem Kloster, das im Huzenbacher See untergegangen sein soll. Die Glocken und selbst Gesang sollen dann und wann immer noch zu hören sein. So wundert

In der Gemeinde Baiersbronn bieten mehrere Veranstalter Kutschfahrten durch die herrliche Landschaft an.

Herbstidylle oberhalb
des Tonbachtals

es nicht, dass der Huzenbacher See auch als Nonnensee bekannt ist. Doch wer will das nachprüfen? Sicherer ist es da, sich den See von der Anhöhe aus anzuschauen. Und dafür kann man ruhig ein bisschen mehr Zeit einplanen. Wie beim Priorstein und Genussplatz wurde auch beim Seeblick ein schöner Rastplatz eingerichtet.

Abstieg nach Tonbach Nach dem Abstecher kehren wir auf demselben Weg zur ❼ **Kleemisse** zurück. Ab dort führen sowohl die Holzmachertour als auch die Murgleiter durch ein Hochmoor unterhalb vom ❾ **Hirschstein** zum Hinteren Plon. Der Pfad durch das Moor ist oft matschig. Ein umgestürzter Baum reicht aus, um eine Mulde zu schaffen, in der sich Wasser sammelt und bald neues Leben entwickelt.

Beim Abstieg ins Tonbachtal passieren wir die ❿ **Überzwercher Berghütte**, dann die Stirnleshütte und einen weiteren Salbeofen. Unterhalb der Flößerhütte verläuft der Wanderweg an einer ⓫ **Einbindstube** und überquert mehrmals den Tonbach. Wo sich bei »An der Furt« die Murgleiter und die Holzmachertour trennen, ist das Haus des Gastes wieder angeschrieben. Hier können wir einfach der gelben Raute über Forsthaus Tonbach, Herrenwegle (links hoch zum Eichbergwegle) und »Plauderstüble« zurück zum Ausgangspunkt folgen.

Die Hebamme und das Seemännle

Das Huzenbacher Seemännle soll eine Hebamme zu Hilfe gerufen haben, damit diese seiner Frau bei einer schweren Geburt beistand. Am See angekommen, schlug er mit einer Rute in das Wasser. Daraufhin teilte es sich und gab eine Treppe frei, auf der die Hebamme hinabsteigen konnte. Drunten lag das Seeweiblein in ihrem Gemach. Es gelang der Hebamme, dem Seeweiblein zu helfen. Weil sie für ihre Dienste nichts nehmen wollte, umflocht sie das Männlein mit Stroh. Die Hebamme ließ es geschehen. Auf dem Heimweg aber warf sie es fort. Nur ein Halm blieb an ihr haften. Zu Hause erkannte sie, dass er sich in Gold verwandelt hatte. Ihre Suche nach dem weggeworfenen Stroh blieb indes ohne Erfolg.

34 Schönmünzach-Schwarzenberg

Ruhige Runde zum Schurmsee und Blindsee

Mittel 18 km 570 Hm 5–5.30 Std.

Tourencharakter
Konditionell fordernder Anstieg über den Schurmsee bis zur Schurmseehöhe, ansonsten ruhige Tour über meist bewaldete Wege und Pfade, entlang der Schönmünz auch auf Asphalt.

Ausgangs-/Endpunkt
Bahnhof Schönmünzach, 464 m

Höchster Punkt
Schurmseehöhe, 960 m

Anfahrt
gps 48.60570, 8.36900
Über die B 462 Rastatt – Freudenstadt bis Schönmünzach, dort über die Waldstraße zum Bahnhof oder zum Parkplatz gegenüber Baiersbronn Touristik an der B 462 fahren.

Anfahrt mit Bus & Bahn
Es bestehen Bahnverbindungen ab Freudenstadt und Karlsruhe zum Bahnhof in Schönmünzach.

Gehzeiten
Schönmünzach – Schurmsee 1.15–1.30 Std., Schurmsee – Blindsee 1.30 Std., Blindsee – Schönmünzach 2.15–2.30 Std.

Einkehr
Auf der Strecke keine Möglichkeiten; Rastplätze entlang der Schönmünz, Gastronomie in Schönmünzach

Karte
Karte des Schwarzwaldvereins 1:25000, W235 Freudenstadt

Beste Jahreszeit
April bis Oktober

Informationen
Baiersbronn Touristik,
Tel. 07442/841 40,
www.baiersbronn.de

Schönmünzach-Schwarzenberg besitzt in der Gemeinde Baiersbronn die längste touristische Tradition. Für den Luft- und Kneippkurort sprechen das milde Reizklima, die Angebote im Bereich Wellness, Erholung und Gastronomie, aber auch die herrliche Landschaft am Zusammenfluss von Murg und Schönmünz.

Seensteig und Murgleiter Der Parkplatz gegenüber dem Kurhaus und der ❶ Touristinfo von Schönmünzach ist der bessere Ausgangspunkt für diese Wanderung, von der etwas höher gelegenen B 462 jedoch kaum zu sehen. Wer mit der S-Bahn anreist oder die Parkmöglichkeiten entlang der Gleise nutzt, spaziert von »In den Auen« vor zur Waldstraße, überquert erst die Murg, dann die Bundesstraße und als Drittes die Schönmünz. Zwischen dem Kurhaus und dem Kurpark treffen dann alle zusammen. Beim nahen Wegweiser in der Schifferstraße ist mit dem Schurmsee das erste Ziel der Tour bereits angeschrieben. Wir biegen halb rechts ab und gewinnen auf der Murgleiter bzw. der vierten Etappe des Seensteigs

Flächendeckender Moosbewuchs: Hier ist es feucht und kühl.

rasch einige Höhenmeter. Beide Themenwege sind gut ausgeschildert. Nachdem der Pfad die Zufahrt zu einem Hof gekreuzt hat, geht es oberhalb des Hofs im Zickzack an den Waldrand. Auf dem Weg dorthin öffnet sich die Sicht über Schönmünzach und das enge Tal der Schönmünz. Am Waldrand biegen wir links ab und folgen den Wanderzeichen nach einer flacheren Passage bergan durch den Wald. Beim Wegweiser ❷ School trennen sich die beiden Themenwanderwege. Während die Murgleiter rechts nach Forbach abzweigt, halten wir dem Seensteig die Treue und biegen links auf die Forststraße zum Schurmsee ab.

Abstecher an den Schurmsee Die nächsten knapp drei Kilometer verlaufen durch einen reizlosen Fichtenwald. 200 Meter vor dem See passiert die Forststraße den

Das Schild lässt keinen Zweifel: Hier gibt der Wald die Sicht auf den Schurmsee frei.

Wegweiser ❸ **Schurmsee Abzweig**. Gleich danach senkt sie sich hinunter an den
auf 793 Meter über dem Meer gelegenen ❹ **Schurmsee**. Bedenken wir, dass nahezu
jeder Karsee im Schwarzwald im Mittelpunkt einer oder mehrerer Sagen steht, sind
wir umso überraschter, dass unsere Recherchen zu ihm nicht eine einzige zutage
gefördert haben. Sagenhaft ist er trotzdem: sagenhaft schön! Und würde der Seensteig nicht hierher führen, er wäre wohl auch sagenhaft einsam.

Wie alle Karseen ist der Schurmsee ein Relikt der letzten Eiszeit. Zu erkennen ist
dies bereits an der fast kreisrunden Form und der steilen Karwand unterhalb der
Schurmseehöhe. Im 19. Jahrhundert wurde der See für die Holzflößerei aufgestaut
und durch schwallweises Ablassen des Wassers wurde das Holz über den Vorderen
Seebach zur Murg befördert. Als der Holzbedarf für die Glas- und Eisenhütten sowie für den Städtebau und die holländische Seefahrt sprunghaft stieg, war der
Mensch jedoch bald fertig mit der Arbeit und der Wald war weg.

Nachdem sich die Natur erholt hatte, wurde am Schurmsee 1985 eine 7,8 Hektar
große Fläche unter Naturschutz gestellt. Das Wasser ist nährstoffarm und – vor
allem nach der Schneeschmelze – so sauer, dass der Schurmsee Fischen keinen
Lebensraum bietet. Dafür fühlen sich zahlreiche seltene und streng geschützte
Tier- und Pflanzenarten in dem Gewässer wohl. So etwa das Pfeifengras, verschiedene Seggen, der Rundblättrige Sonnentau und die Gelbe Teichmummel. Einblicke
in diesen wertvollen Biotop gibt der 1,2 Kilometer lange Seerundweg. Mehrere
Bänke laden zur Rast ein.

Schurmseehöhe und Blindsee   Anschließend geht es auf demselben Weg zurück zum ❸ **Schurmsee Abzweig** und links hoch zur Schurmseehöhe. Damit wechseln wir auf einen steil ansteigenden Pfad. Ca. 250 Meter weiter biegen wir beim Wegweiser ❺ **Schurm** scharf links ab und folgen der blauen Raute weiter ansteigend bis auf einen Forstweg. Dort halten wir uns erneut links, passieren das Vordere Langeck und erreichen ein kurzes Stück weiter die ❻ **Schurmseehöhe**. Einen Katzensprung voneinander entfernt, ermöglicht die Anhöhe zwei Blicke über den Schurmsee und das Murgtal. Der erste ist vom Wanderweg aus zu sehen, zum zweiten müssen wir

Gut ausgeschildert: Der erste Abschnitt der Wanderung führt über den Seensteig und die Murgleiter.

ein paar Schritte durch den Wald an den oberen Rand der Karwand laufen. In beiden Fällen lädt eine Bank zur Rast ein. Auf dem höchsten Punkt der Wanderung angekommen, haben wir uns diese auch verdient!

Gut erholt, folgen wir der gelben Raute über den ❼ **Abzweig zum Blindsee** zum ❽ **Blindsee**. Aber was heißt hier See? Im Vergleich zum Schurmsee ist die Verlandung hier deutlich weiter vorangeschritten. Nur während der Schneeschmelze und nach ergiebigen Regenfällen tritt der See als solcher in Erscheinung. Stattdessen werden die meisten Wanderer den Blindsee als ein beinah baumfreies Moor vorfinden, auf dem sich an mehreren Vertiefungen, den bis zu sieben Meter breiten »Schlenken«, Wasser sammelt. Dass das Betreten des Moors verboten ist, versteht sich von selbst. Da es keinen Weg um das Hochmoor, sondern nur einen gelb markierten Trampelpfad an den Rand des Blindsees gibt, muss jeder für sich entscheiden, ob sich die Tour lohnt.

Nach dem Abstecher geht es zurück zum ❼ **Abzweig zum Blindsee**. Rechts ab auf den breiten Forstweg folgen wir nun der gelben Raute nach Schönmünzach. Der Weg dorthin führt erst durch das bewaldete Tal des Hinteren Seebachs bis an die Schönmünz, dann (links ab) auf dem Flößerweg und einem Abschnitt der Baiersbronner »Romantik-Tour« zurück zur Ortsmitte von Schönmünzach. Dieser letzte Abschnitt gleicht eher einem Spaziergang als einer Wanderung und bietet mit den Wanderrastplätzen ❾ **Flößerweg** und ❿ **Ochsenbad** zwei schöne Gelegenheiten für eine abschließende Pause.

35

Herrenwieser See und mehr

Winterliche Tour auf die Badener Höhe

Mittel 10 km 325 Hm 2.45–3.15 Std.

Tourencharakter
Bequeme Rundwanderung auf überwiegend breiten Waldwegen, ab Herrenwieser See bis Seekopf über Wald- und Wurzelpfade; zwischen Seekopf und Badener Höhe aussichtsreiche Höhenwanderung.

Ausgangs-/Endpunkt
Herrenwies/Dorfplatz, 755 m

Höchster Punkt
Seekopf, 1001 m; Badener Höhe, 1003 m

Anfahrt
gps 48.65840, 8.26660
Von der A 5 Freiburg – Karlsruhe bei Ausfahrt 52 nach Bühl abfahren, weiter über die L 85 und L 83 über Sand bis Herrenwies. Alternativ auf der Schwarzwaldhochstraße bei Sand nach Herrenwies abbiegen. Der Parkplatz befindet sich rechts der Landstraße.

Anfahrt mit Bus & Bahn
Es bestehen Busverbindungen ab Bühl und Forbach zur Haltestelle Herrenwies/Dorfplatz.

Gehzeiten
Dorfplatz – Herrenwieser See 1–1.15 Std., Herrenwieser See – Badener Höhe 1–1.15 Std., Badener Höhe – Dorfplatz 0.45 Std.

Einkehr
Auf der Strecke keine Möglichkeiten, dafür ein herrlich gelegener Rastplatz auf der Badener Höhe

Karte
Karte des Schwarzwaldvereins 1:25000, W235 Freudenstadt

Beste Jahreszeit
Mai bis Oktober, bei wenig Schnee auch im Winter gut möglich

Informationen
Touristinfo Forbach,
Tel. 07228/390, www.forbach.de

Auf dem breiten Forstweg zwischen Herrenwies und Herrenwieser See verläuft im Winter die Herrenwieser Seeloipe. Es sei denn, es mangelt mal wieder an Schnee. Dann eignet sich die Strecke ideal als Ersatzprogramm zum Wintersport – und ist zudem viel ruhiger als in den Sommer- und Herbstmonaten.

Erst mal Höhe gewinnen Der Herrenwieser See gehört zu den Karseen im Nordschwarzwald, die sich abseits jeglicher Bebauung befinden. Entsprechend lang ist der Weg, den wir bis dorthin zurücklegen müssen. Los geht es am Dorfplatz von Herrenwies. Die Geschichte des beschaulichen

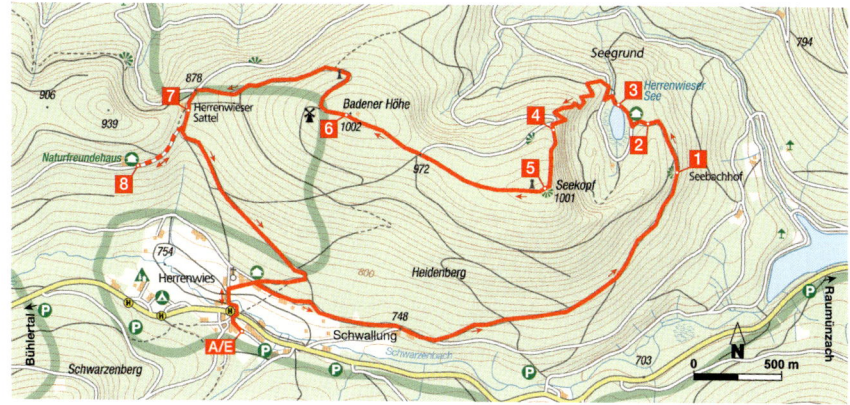

Dorfs ist eng verbunden mit der Holz- und Wasserkraftnutzung. Bevor die etwas tiefer gelegene Schwarzenbachtalsperre gebaut wurde, erstreckte sich die lockere Bebauung bis auf den Grund des Stausees. Als vorbereitende Baumaßnahme der Talsperre wurden die alten Häuser abgerissen und im heutigen Ortskern wiederaufgebaut.

Nachdem wir die L 83 überquert haben (wer beim Campingplatz oder der Haltestelle Jugendherberge startet, bleibt natürlich auf seiner Seite der Landstraße), folgen wir der wenig befahrenen Straße hoch zur St.-Antonius-Kirche. Vor der Kirche und 150 Meter weiter beim Café Waldesruh biegen wir zweimal rechts ab. Bald liegen die letzten Häuser von Herrenwies hinter uns. Auf Höhe des Wanderheims zweigt rechts ein Weg zur Herrenwieser Schwallung ab. In früheren Jahrhunderten wurde diese genutzt, um den Holzeinschlag schwallweise talwärts zu befördern. Wir indes halten uns links und folgen der gelben Raute zum Herrenwieser See.

Herrenwieser See   Gut 20 Minuten weiter gibt der Wald unvermittelt den ❶ **Blick auf den Schwarzenbachstausee** frei. Neben den natürlichen Zuflüssen von Seebach und Schwarzenbach wird der See auch über Stollen und Pumpwerke mit Wasser aus den Nachbartälern gespeist. Vom Aussichtspunkt sind es um eine gestreckte Linkskurve herum etwas mehr als 400 Meter zu einer ❷ **Schutzhütte**. Direkt nach der Hütte geht es rechts ab an den ❸ **Herrenwieser See**. Der auf 834 Metern über dem Meer gelegene See entstand Ende der letzten Eiszeit und besitzt mit 170 Metern die höchste Karwand im Nordschwarzwald. Am Rand des nährstoffarmen Gewässers haben abgestorbene Moorpflanzenteile eine mächtige Torfschicht gebildet. Zu erkennen ist diese an dem Schwingrasengürtel. Da auch der von einem Hochmoor umschlossene Uferbereich ein hochsensibler Lebensraum ist, wurde der gesamte See eingezäunt. Der Uferweg bietet einige schöne Ausblicke über diesen einzigartigen Lebensraum.

Seejungfrauen und Verbindungen   Früher glaubten die Menschen, dass der Herrenwieser See mit dem Mummelsee verbunden sei, weshalb sie ihn den Kleinen Mummelsee nannten. Auch war man der Meinung, dass der See unergründlich tief sei. So soll ein Jäger ein Reh am Ufer geschossen haben, das ins Wasser fiel und erst nach drei Tagen zerquetscht wieder bei der Seebachbrücke auftauchte. Eine andere Geschichte handelt von einer Seejungfrau, welche einen Waldarbeiter am See monatelang mit Essen versorgt haben soll. Allerdings untersagte sie ihm, es anderen zu verraten.

Ein gemütlicher Rundweg führt einmal um den Herrenwieser See herum.

Die Frau des Holzhauers aber sah natürlich, dass er das Essen, das sie ihm mitgegeben hatte, wieder heimbrachte. Auf ihr Drängen vertraute er ihr schließlich sein Geheimnis an. Am nächsten Tag erklärte die Seejungfrau, dass sie nun kein Essen mehr bringen werde, da er sie verraten habe. Allerdings gab sie ihm zum Abschied zwei Bündel Stroh, die er sorgfältig aufbewahren sollte. Hätte er gewusst, wie es der Hebamme am Huzenbacher See ergangen war, er hätte es sicher behalten. So aber warf er das Stroh auf dem Heimweg achtlos weg. Das Ende ist bekannt: Ein Halm blieb an seiner Kleidung hängen. Zu Hause angekommen, erkannte er, dass es sich bei dem Stroh um Gold handelte. Die zwei Bündel aber suchte er vergeblich.

Westweg

Der Westweg ist der älteste Fernwanderweg im Schwarzwald. Der Startpunkt befindet sich bei der Goldenen Pforte in Pforzheim. Von dort führt der mit einer roten Raute auf weißem Grund markierte Wanderweg über zahlreiche Gipfel des Schwarzwalds nach Basel. Die insgesamt 285 Kilometer sind in 13 Etappen unterteilt. Dabei teilt sich die Streckenführung auf der neunten Etappe bei Titisee in eine westliche und eine östliche Variante. Die bekanntere führt über den Feldberggipfel, den Belchen und den Blauen nach Kandern, wo er die Wolfsschlucht und das Tal der Wiese durchquert, ehe er in Basel endet. Die östliche Variante führt über das Herzogenhorn und die Hochlagen zwischen Wehra und Wiese nach Rheinfelden, von wo er durch das Hochrheintal nach Basel führt.

Seekopf und Bussemer Stein Wer mag, kann den See einmal ganz umrunden. Allzu groß ist er nicht. Anschließend geht es beim Ausgang des Sees zum Wegweiser »Herrenwieser See«. Dort treffen wir auf den Westweg, dem wir jenseits des Forstwegs hinauf zum Seekopf folgen. Zum besseren Verständnis: Wir biegen erst scharf links auf den breiten Weg, dann rechts auf einen ansteigenden Pfad ab. Der nächste Kilometer ist der steilste auf dieser Runde.

Nach drei Vierteln des Anstiegs passiert der Pfad den ❹ **Zweiseenblick**. Ob sich der Ausblick auf den Herrenwieser See und den Schwarzenbachstausee lohnt, muss jeder für sich entscheiden. Schöner finden wir den sonnigen Höhenweg rund um den ❺ **Seekopf**. Besondere Aufmerksamkeit hat auf dem 1001 Meter hohen Gipfel der Bussemer Stein verdient. Er erinnert an den Baden-Badener Philipp Bussemer (1855–1918). Zusammen mit Julius Kaufmann aus Lahr legte er im Jahr 1900 den Westweg an.

Badener Höhe und Herrenwieser Sattel Vom Seekopf führt der Westweg über den Hauptkamm des Nordschwarzwalds auf die ❻ **Badener Höhe**. Mit 1002,5 Metern bildet sie den höchsten Punkt des Baden-Badener Stadtgebiets. Gekrönt wird die Anhöhe durch den am 5. Oktober 1891 eingeweihten Friedrichsturm. 1974 wurde die Badener Höhe um eine Schutzhütte erweitert. Zusammen mit einigen Bänken bildet sie den idealen Platz für eine ausgiebige Rast.

Der Abstieg erfolgt dann bis zum ❼ **Herrenwieser Sattel** auf dem Westweg. Wer vor der Rückkehr noch einkehren möchte, kann dort einen Abstecher zum 600 Meter entfernten ❽ **Naturfreundehaus** machen. Ansonsten halten wir uns beim südlichen Ende des Sattels links und folgen dem Nebenwanderweg (gelbe Raute) hinunter nach Herrenwies, wo diese nicht allzu lange, aber »herrenliche« Tour endet.

Der Friedrichsturm markiert die höchste Stelle auf der Badener Höhe und des Stadtgebiets von Baden-Baden.

36

Mittel   11 km   400 Hm   3–3.40 Std.

Tourencharakter
Zu Beginn kurze Abschnitte entlang von Straßen, danach waldreiche Wanderung zu den Krokuswiesen; kniffliger Abstieg zur Unteren Rötelbachschlucht.

Ausgangs-/Endpunkt
Marktplatz Zavelstein, 564 m

Höchster Punkt
Oberer Waldacker, 619 m

Anfahrt
gps 48.69440, 8.69000
Von der B 463 Calw – Horb am Neckar zwischen Neubulach und Calw auf die K 4306 nach Bad Teinach-Zavelstein abbiegen (ab Freudenstadt über die B 28 und, ab Altensteig, L 348 zur K 4306), der Kreisstraße Zavelstein folgen.

Anfahrt mit Bus & Bahn
Es bestehen Busverbindungen ab Calw und dem Bahnhof Bad Teinach zur Haltestelle Zavelstein/Feuersee.

Gehzeiten
Runde zur Burgruine 0.20 Std., Zavelstein – Stubenfelsen 1.30–1.40 Std., Stubenfelsen – Zavelsteiner Brücke 0.40–0.50 Std., Zavelsteiner Brücke – Zavelstein 0.30–0.40 Std.

Einkehr
Auf der Strecke keine Möglichkeiten, etwas abseits der Strecke Wanderheim Zavelstein, Di.–So. ab 11 Uhr, www.berlins-hotel.de

Karte
Karte des Schwarzwaldvereins 1:25 000, W226 Pforzheim

Beste Jahreszeit
März bis Oktober

Informationen
Teinachtal Touristik, Tel. 07053/920 50 40, www.teinachtal.de

Bad Teinach-Zavelstein

Wildkrokusblüte im Schwarzwald

Wenn im März Tausende Krokusse die Wiesen bei Zavelstein in ein blauviolettes Blütenmeer verwandeln, herrscht auf dem Krokusweg reger Betrieb. Neben der weltbekannten Pracht gibt es rund um den Kurort aber einiges mehr zu entdecken. Damit lohnt sich diese Wanderung auch dann, wenn von den Krokussen nichts zu sehen ist.

Zugereister mit mediterranen Wurzeln Wie der wilde Krokus (Crocus napolitanus) nach Zavelstein gelangte, ist umstritten. Einer Theorie nach haben ihn Kreuzfahrer aus dem Orient mitgebracht. Andere glauben, dass Hirsauer Mönche versuchten, Safran zu gewinnen. Da sich der Crocus napolitanus hierfür nicht eignet, gilt eine dritte Theorie als wahrscheinlicher. Demnach soll ihn der Diplomat Benjamin Buwinghausen von Wallmerode Anfang des 17. Jahrhunderts von einer Reise mitgebracht und in den Burggärten als Zierpflanze gesetzt haben. Von dort hat sich der Krokus dann über die landwirtschaftliche Nutzung zunächst über die Wiesen in der Zavelsteiner Gemarkung, später auch in benachbarten Ortsteilen ausgebreitet.

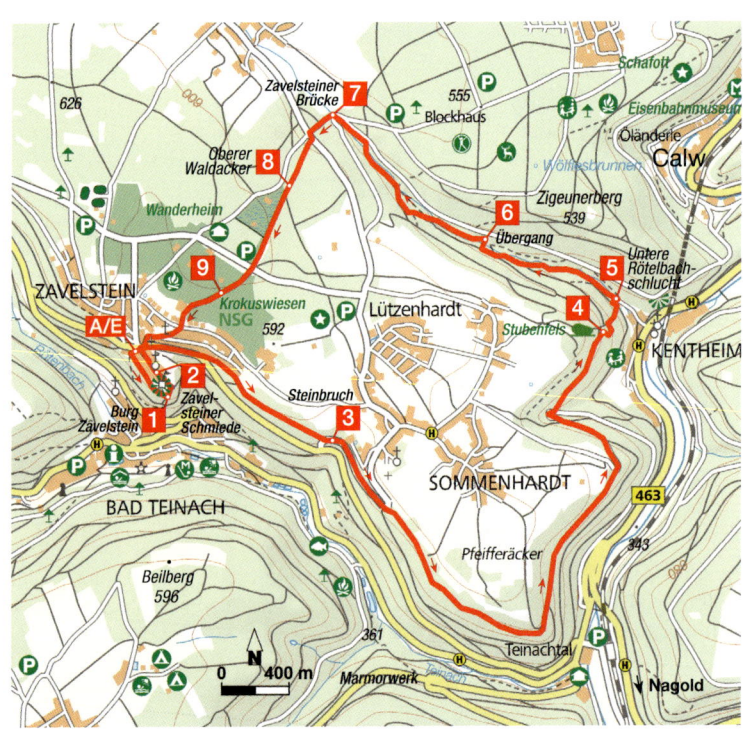

Beim Marktplatz treffen wir auf den Krokusweg. Wer diesem bergauf folgt, hat das Naturschutzgebiet Krokuswiesen in wenigen Minuten erreicht. Wir aber wählen die andere Richtung und folgen einem abschüssigen Pfad (gelbe Raute) an den Waldrand und weiter zur Südseite der ❶ Burg Zavelstein. Dort treffen wir auf den Ostweg, dem wir über mehrere Stufen in den Burghof folgen. Die Festung wurde um 1200 als Vogtsburg errichtet und wechselte in den folgenden Jahrhunderten mehrfach den Besitzer, eh sie im Jahr 1692 durch General Melac zerstört wurde. Eine schöne Aussicht bietet der 28 Meter hohe Bergfried.

Auf dem Felsenweg Von der Burg führt der Ostweg über die zwischen 1989 und 1992 wieder instand gesetzte Zugbrücke durch die Altstadt von Zavelstein. Inmitten mehrerer Fachwerkhäuser lädt die ❷ Zavelsteiner Schmiede zur Besichtigung ein. Der Eintritt ist frei, ein Unkostenbeitrag wird gerne genommen. Wenige Meter weiter sind wir zurück

Blick in die Zavelsteiner Schmiede

am Marktplatz bzw. beim Quellgarten. Auf der zweiten, deutlich längeren Runde folgen wir zunächst der gelben Raute über ❸ Steinbruch, Sommerhardt-Schützenhaus und »Alte Steige« zum Stubenfelsen. Ein kürzerer Weg führt über Sommerhardt und Lützenhardt zum Stubenfelsen.

Die Bezeichnung als Felsenweg mag erfahrene Wanderer wundern. Denn anders als der Felsenweg am Feldberg oder bei Höchenschwand verläuft der Felsenweg von

Bad Teinach-Zavelstein überwiegend auf bequemen Pfaden und breiten Wegen. Nach dem Ortsende von Zavelstein sowie in den Bereichen Steinbruch und Alte Steige stehen sogar kurze Abschnitte entlang sowie auf der Straße an. Namensgebend sind damit die gewaltigen Felsformationen, welche diesen Abschnitt der Wanderung prägen. Der bekannteste unter ihnen ist der ❹ Stubenfelsen. Da wir hier bereits gut die Hälfte der Tour absolviert haben, ist an dieser Stelle zudem der ideale Platz für eine erste Rast.

Das Gespenst vom Schorchenwald

Eine Legende erzählt von einem Ritter und gleichzeitig kühnen Jäger der Feste Zavelstein. Auf seinen Streifzügen traf er im Schorchenwald die Jungfrau Agnes. Hals über Kopf verliebte sich der Junker in die hübsche Maid und schwor ihr ewige Treue. Bald vergaß der leichtfertige Herr jedoch seine Liebe. Agnes aber verzehrte sich vor Sehnsucht und lebte fortan in Elend. Ein Verwandter rächte die junge Frau und erschoss den Ritter nahe der Heidengräber, wo jenem ein Denkmal – das Degenbild – gestiftet wurde. Erst viele Jahre später suchte Agnes den Ort als gebrechlich gewordenes Weib unter Klagen und Weinen auf. Sie soll noch heute als Gespenst im Schorchenwald umgehen.

Wildromantische Rötelbachschlucht   Gegenüber dem markanten Felsen führt ein schmaler Pfad bergab in die ❺ **Untere Rötelbachschlucht**. Sollte die Entfernung am Wegweiser noch mit »0,2 km« angegeben sein, achten Sie nicht darauf. Es sind rund 450 Meter bis hinunter an den Bach. Dabei teilt sich der Pfad im oberen Bereich des Abstiegs. Wer oben und damit über den Felsen bleibt, ist auf der sicheren Seite. Der untere Pfad führt zu einer Höhle und erfordert Trittsicherheit. Jenseits der Höhle treffen beide Pfade wieder zusammen und führen mit einigen Serpentinen zum Rötelbach.

Bei »Untere Rötelbachschlucht« biegen wir links auf einen breiten Forstweg zum Zavelsteiner Brückle ab, verlassen diesen jedoch schon wieder bei »Birkwald« und steigen die letzten Meter zum Rötelbach ab. Der Abzweig ist schlecht beschildert, der nächste Wegweiser – auf der anderen Seite des Bachs – aber ist vom Forstweg aus gut zu erkennen. Als ❻ **Übergang** dienen mehrere Sandsteinblöcke, zwischen denen das Wasser talwärts plätschert. Bis zum ❼ **Zavelsteiner Brückle** wechselt der Waldpfad mehrmals die Seite des Bachs und ermöglicht damit einige schöne Einblicke in die Natur.

Das Beste zum Schluss   Beim Zavelsteiner Brückle treffen wir schließlich wieder auf den Ostweg, der links über den Unteren und ❽ **Oberen Waldacker** direkt in das ❾ **Naturschutzgebiet Krokuswiesen** führt. Der Aufstieg zum Unteren Waldacker

Auf dem Ostweg geht es hinauf zur Burgruine Zavelstein.

ist im Frühjahr oft matschig. Als Alternative zum Ostweg führt auch die wenig befahrene Straße vom Brückle zum Unteren Waldacker. Von dort sind es dann nur wenige Schritte bis zum 53 Hektar großen Schutzgebiet. Dieses wurde 1979 eingerichtet, um das »Krokuswunder« von Zavelstein zu erhalten, was heißt: Das Ausgraben und Pflücken der Blumen ist verboten.

Wer Glück hat und diese Wanderung zur Hauptblüte der Krokusse beschreitet, kann seinen Blick über reich blühende Wiesen schweifen lassen, die es in dieser Form an keinem anderen Ort im Schwarzwald gibt. Über den aktuellen Stand der Zavelsteiner Wildkrokusblüte informiert die Gemeinde über das Krokustelefon, 07053/920 50 45. Neben den auffallend violetten Blüten bringt dieselbe Art auch weiße Blüten hervor, jedoch in weit geringerer Menge. Besonders schön sind die Wiesen am Abend anzusehen, wenn die Krokusse im Licht der untergehenden Sonne leuchten. Nachdem wir das etwas abseits vom Ost- bzw. Krokusweg gelegene Wanderheim passiert haben, erreichen wir das Spinnerinkreuz. Es wurde 1447 gesetzt und erinnert an eine Spinnerin, die hier bei einem Schneesturm ihr Leben gelassen hat. Dass so etwas heute noch passiert, ist eher unwahrscheinlich. Denn bis zum Ortsrand von Zavelstein und dem Ausgangspunkt am Marktplatz ist es nicht mehr weit.

Der Wildkrokus hat Zavelstein berühmt gemacht.

37 Ebersteinburg-Rundweg

Wolfsschlucht, Battert und Engelskanzel

● 🏃 ⛰ 🕐 🚌

Mittel 11 km 530 Hm 3.30-4 Std.

Tourencharakter
Die Wanderung besticht mit ständigem Auf und Ab durch Schluchten und Felslandschaften, aber auch mit schwach befahrenen Ortsstraßen.

Ausgangs-/Endpunkt
Parkplatz Wolfsschlucht, 380 m

Höchster Punkt
Battert, 568 m

Anfahrt
gps 48.77420, 8.27570
Von der A 5 Freiburg – Karlsruhe bei Ausfahrt 51 nach Baden-Baden abfahren, weiter bis Baden-Baden/Stadtmitte, dort auf die L 79a (Lange Straße) nach Ebersteinburg abbiegen. Der Landstraße bis zum kleinen Wanderparkplatz folgen.

Anfahrt mit Bus & Bahn
Ab Baden-Baden, Gaggenau und Loffenau bestehen Busverbindungen zur Haltestelle Ebersteinburg/Wolfsschlucht.

Gehzeiten
Wolfsschlucht – Burg Alt-Eberstein 1 Std., Burg Alt Eberstein – Untere Batterthütte 0.45 Std., Untere Batterthütte – Altes Schloss 1 Std., Altes Schloss – Parkplatz 1 Std.

Einkehr
Burg Alt-Eberstein, Do. ab 16 Uhr, Fr. ab 14 Uhr, So. ab 12 Uhr, www.alt-eberstein.de; fidelitas Biergarten im Alten Schloss zu Hohenbaden, Di.–So. ab 11.30 Uhr, www.fidelitas-baden.de

Karte
Karte des Schwarzwaldvereins 1:25 000, W225 Baden-Baden

Beste Jahreszeit
Wanderung das ganze Jahr möglich

Informationen
Baden-Baden Kur und Tourismus GmbH, Tel. 07221/27 52 06, www.baden-baden.de

Baden-Baden hatten wir immer mit dem Kurhaus, den alten Bädern und dem Casino verbunden. Aber Wandern? Das fehlte auf der Liste der Stichpunkte, die uns zu der Stadt einfielen. So ging es uns bei dieser Tour zunächst auch nur um die Engelskanzel. Doch schon auf halber Strecke wussten wir: Die Runde um Ebersteinburg muss man einfach erlebt haben!

Dem Strom entgegen Der winzige Wanderparkplatz am Wolfsschluchtweg wird dieser Tour kaum gerecht. Dass hier auch Busse halten, erschwert die Zufahrt zusätzlich. Sei es drum: Hier ist der Ausgangspunkt einer der schönsten Touren im Nordschwarzwald überhaupt. Dabei steuert die Mehrzahl der Wanderer zunächst die Engelskanzel an. So wird die Runde auch auf den offiziellen Seiten beschrieben. Schöner finden wir jedoch, die Tour entgegen dem Uhrzeigersinn abzulaufen und die aussichtsreiche Kanzel als krönenden Abschluss aufzubewahren. Um vom Parkplatz zum Einstieg zu gelangen, überqueren wir die Ebersteinburger Straße und passieren das Hotel und Restaurant Café Wolfsschlucht.

Die Belagerung der Burg Alt-Eberstein

Die Sage um die Burg Alt-Eberstein ist in der Trinkhalle von Baden-Baden bildlich dargestellt. Demnach sollen sich die Grafen von Eberstein bei einem Streit zwischen dem Straßburger Bischof und dem Kaiser auf die Seite des Bischofs gestellt haben. Als Gegenmaßnahme ordnete der Kaiser die Belagerung der Burg an. Als deren Bewohner nach einem Jahr noch immer nicht ausgehungert waren, wandte er eine List an und lud die Grafen zu einem Turnier nach Speyer ein. Des Kaisers Tochter verguckte sich jedoch in den jüngsten Grafen und verriet ihm den Plan ihres Vaters. Sofort eilten sie heim und konnten den tückischen Angriff gerade noch abwehren. Um dem Kaiser zu zeigen, dass sie einer Belagerung noch lange standhalten konnten, zeigten sie ihre Vorräte, worauf dieser die Grafen zu seinen Verbündeten machte, indem er seiner Tochter die Heirat mit dem jüngsten Grafen gestattete.

Gleich danach folgen wir links der Markierung des Rundwegs (blauer Ring mit »Ebersteinburg«) in die ❶ **Wolfsschlucht**. Wo sich der Weg gabelt, halten wir uns rechts. Die zerklüfteten Felsen sind dann schon zu sehen.

Sagenhafte Wolfsschlucht Die Sage um die Wolfsschlucht berichtet von einem Geiger, der bei einer Hochzeit aufgespielt und bei der Gelegenheit einige Becher Wein getrunken hatte. Als er nach Hause schwankte, stürzte er kopfüber in die Tiefe, landete aber auf etwas Weichem. Wieder nüchtern sah sich der Geiger einem grimmig knurrenden Wolf gegenüber. Um das Tier zu besänftigen, spielte er ihm alte Weisen vor.
Tatsächlich beruhigte sich das Tier und begleitete die Musik mit vergnügtem Jaulen. Setzte der Geiger ab, fletschte der Wolf aber erneut seine Zähne. Dem Geiger blieb nichts übrig, als immer weiterzuspielen. Als ihn zur Morgendämmerung die Kräfte verließen, bemerkte der herrschaftliche Oberjäger die missliche Lage des Musikers. Er legte an und erschoss den Wolf. Der ungeschoren davongekommene Geiger gelobte danach seiner Frau, »keinen Schluck mehr über den Durst zu trinken«. Sie war eine gute Frau – und glaubte ihm kein Wort.

Lukashütte und Ruine Ebersteinburg Vom unteren Ende der Schlucht führt die Murgleiter wieder bergan zur ❷ **Lukashütte**. Von dem auf einem Felsen errichteten

Eingang zur Burg
und zum Gasthaus
Alt-Eberstein

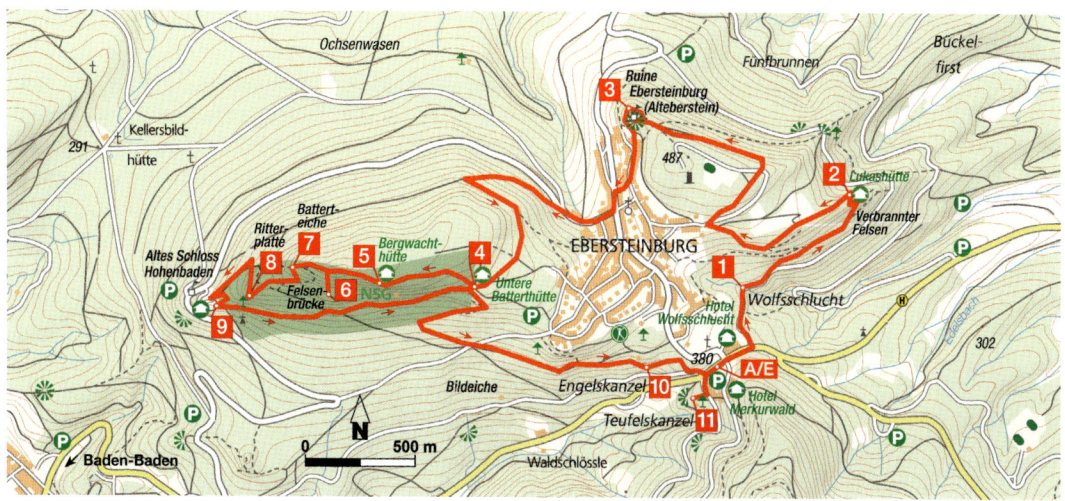

Pavillon hat man eine schöne Sicht über das Murgtal. Reizend, aber nichts für schwache Nerven ist der Abstecher zum Kreuz auf dem benachbarten Felsen. Direkt bei der Hütte zweigt der Wanderweg scharf links ab. Weiter geht es über einen bequemen Forstweg bis zum Wegweiser »Forsthaus«. Dort kreuzen wir die Zimmerhardtstraße und folgen der Murgleiter zur ❸ **Burg Alt-Eberstein**. Die nördlich des Baden-Badener Stadtteils Ebersteinburg gelegene Burg wurde erstmals 1197 erwähnt. In der Burgruine befindet sich heute ein Restaurant mit angeschlossener Ferienwohnung.

Über den Battert ... Bei Alt-Eberstein lohnt sich ein Abstecher auf den Burgturm. Er bietet uns eine imposante Sicht zum »Merkur«, zahlreiche weitere Gipfel im Nordschwarzwald und über den oft diesigen Kraichgau. Infotafeln erleichtern die Orientierung. Anschließend geht es über die Zufahrt zur Burg, die Rosenstraße und »Brunnenlinde« zur Ebersteinburger Straße. Hier biegen wir erst links, dann – 80 Meter weiter – rechts in die Hilsbrunnenstraße ab. Nachdem wir auf dieser den Ort verlassen haben, zweigt der Wanderweg links auf den Franzosenweg zur Unteren Batterthütte ab. Die nächsten 500 Meter gehen ganz schön in die Beine, dann biegen wir mit dem Franzosenweg scharf links ab und der Weg wird flacher. Nach zusammen 1200 Metern ist die ❹ **Untere Batterthütte** erreicht.

... zum Schloss Hohenbaden Hier halten wir uns rechts und folgen dem Oberen Felsenweg durch die Felsenlandschaft des Battert. Der mühsame Aufstieg wird bald durch tolle Ausblicke über die markanten Felsformationen belohnt. Mehrere Thementafeln erklären die Besonderheiten des Naturschutzgebietes. Für eine erste Verschnaufpause empfehlen wir die ❺ **Bergwachthütte**. Die an der Kante steil abfallenden Felsen geben die Sicht frei zum Merkur.

Auf dem weiteren Weg sollte man einen Abstecher von der Oberen Batterthütte auf die ❻ **Felsenbrücke** einplanen. Wer einigermaßen schwindelfrei ist, bekommt hier eine prächtige Sicht auf die über 50 Meter hohen Felsen des Battertmassivs. Auf den Felsvorsprüngen befinden sich Nistplätze von Kolkraben und einem Wanderfalkenpaar. Das bedeutet auch: Während der Brutzeit ist der Zugang versperrt. In dem Fall wandern wir ein kurzes Stück weiter, passieren die 600 Jahre alte ❼ **Battert-Eiche** und erreichen kurz darauf mit der ❽ **Ritterplatte** den nächsten aussichtsreichen Rastplatz. Gleich danach ist das ❾ **Schloss Hohenbaden** (Altes Schloss) erreicht.

Schloss Hohenbaden

Die um das Jahr 1100 errichtete Festung wurde als Herrschaftszentrum der Markgrafen von Limburg oberhalb der damaligen Siedlung Baden erbaut. Die Burgherren benannten sich nach dem Ort, womit Baden zum Namensgeber des Landes Baden wurde. Nach mehreren Erweiterungen besaß das Schloss während seiner Blütezeit im 14. Jahrhundert 100 Räume. 1599 zerstörte ein Brand große Teile der Anlage, die erst im 19. Jahrhundert gesichert wurde.

Von Windharfen und Engelskanzeln In der später errichteten und deutlich größeren Festung verdient die Baden-Badener Windharfe besondere Beachtung. Mit 120 Saiten und 4,10 Metern Höhe ist sie die größte Windharfe in Europa. Ihr Standort ist bewusst gewählt: Zwischen 1851 und 1920 war im Rittersaal vom Schloss Hohenbaden eine kleinere Windharfe angebracht. Anschließend geht es vom Rittersaal über mehrere Treppen auf den Turm. Bei klarer Luft reicht die Fernsicht über die Rheinebene bis zu den Vogesen.

Nun wandern wir vom Schloss über den ansteigenden Unteren Felsenweg zurück zur ❹ **Unteren Batterthütte**. Dort geht es rechts ab und über den Ebersteinburg-Rundweg zur ❿ **Engelskanzel**. Als wir den Weg das letzte Mal (Anfang 2014) gelaufen sind, war der Zugang zur Engelskanzel nicht eindeutig markiert; der Felsvorsprung ist aber gut zu erkennen. Das Pendant dazu, die ⓫ **Teufelskanzel**, befindet sich direkt gegenüber der Engelskanzel. Der Legende nach sollen auf den beiden Felskanzeln der Teufel und der Engel um die Gunst der Menschen geworben haben. Wer zum Schluss der Tour noch den Abstecher zur Teufelskanzel auf der anderen Straßenseite mitnimmt, weiß, wer die schönere Sicht bei seiner Predigt hatte.

Nichts für schwache Nerven: Der Abstecher auf den verbrannten Felsen erfordert Schwindelfreiheit.

Die Teufelsmühle

Schweißtreibende Runde ab Bad Herrenalb

Mittel 16 km 680 Hm 5–5.30 Std.

Tourencharakter
Ruhige Wanderung über meist bewaldete Wege und Pfade; fordernder Anstieg, zum Teil über Sandsteinblöcke, zu den Teufelskammern.

Ausgangs-/Endpunkt
Rathausplatz, 368 m

Höchster Punkt:
Steinerne Bank, 915 m

Anfahrt
gps 48.79740, 8.43590
Von der A 5 Freiburg – Karlsruhe bei Ausfahrt 49 Rastatt Nord abfahren, weiter über die B 462 bis Gernsbach, dort auf die L 564 nach Bad Herrenalb abbiegen.

Anfahrt mit Bus & Bahn
Es bestehen Bahn- und Busverbindungen ab Baden-Baden, Gaggenau und Pforzheim zur Haltestelle Bad Herrenalb/Rathausplatz bzw. zum Bahnhof von Bad Herrenalb.

Gehzeiten
Bad Herrenalb – Einstieg Großes Loch 1.15–1.30 Std., Einstieg Großes Loch – Teufelsmühle 0.45–1 Std., Teufelsmühle – Skiheim 1.30 Std., Skiheim – Bad Herrenalb 1.30 Std.

Einkehr
Höhengasthaus Teufelsmühle, Fr. bis So. ab 11 Uhr, Skiheim Talwiesenschänke, Mi. bis So. ab 11 Uhr, Tel. 07083/34 15; www.talwiesenschaenke.de

Karte
Karte des Schwarzwaldvereins 1:25 000, W225 Baden-Baden

Beste Jahreszeit
März bis Oktober

Informationen
Tourismus Bad Herrenalb, Tel. 07083/50 05 55, www.badherrenalb.de

---

Im Nordschwarzwald hat die Alb ein tiefes Bett in den Sandstein gegraben. Was dies bedeutet, bekommen wir bei der Runde von Bad Herrenalb hinauf zur Teufelsmühle bald zu spüren. Dennoch – oder gerade deswegen – zählt diese Wanderung zu den Pflichtelementen im Schwarzwaldprogramm.

Alb und Kuhnsbach entgegen Die erste Besonderheit befindet sich nur wenige Schritte vom Rathausplatz entfernt: eine ❶ Kiefer, die auf einem Torbogen der alten Klosterkirche wächst. Weil dahinter weitere Bäume stehen, ist dies vom Weg aus nicht eindeutig zu erkennen. Sobald man den ersten Torbogen der Ruine durchschritten hat, besteht jedoch kein Zweifel: Die Kiefer wächst wirklich oben auf dem alten Gemäuer. Damit

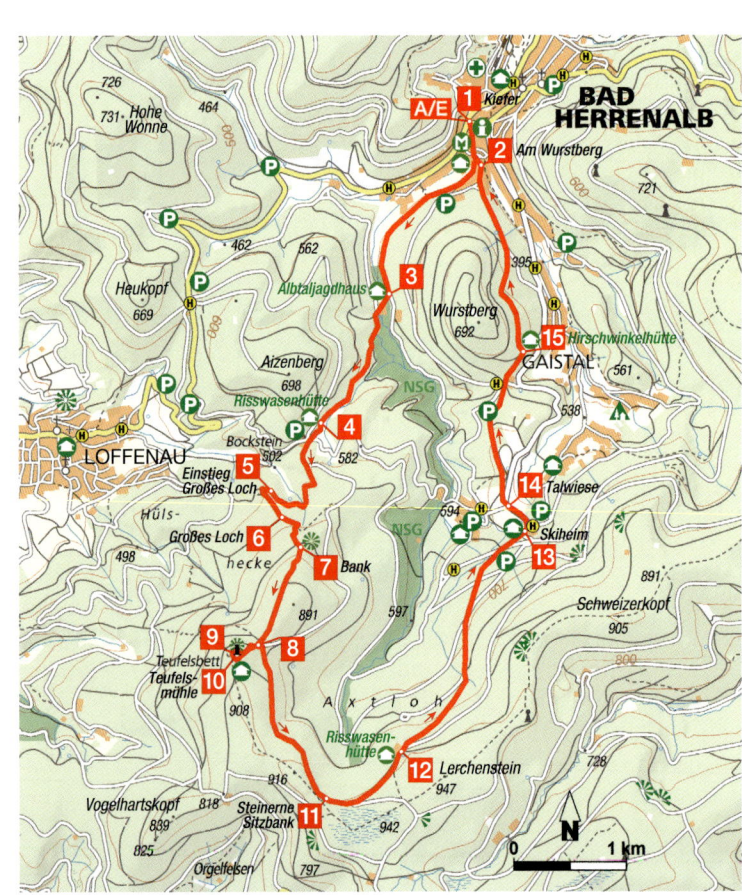

dies so bleibt, ist der rund 200 Jahre alte Nadelbaum mit mehreren Stahlseilen gesichert. Zuvor haben wir bereits das Tourismusbüro des Kurortes und die Klosterscheuer passiert. Das mit rotem Sandstein versehene Gebäude zählt zu den wenigen nahezu unverändert erhaltenen Wirtschaftsbauten des nahen Zisterzienserklosters.

Weiter geht es mit der blauen Raute bis zum Wegweiser ❷ **Am Wurstberg**. Dort halten wir uns rechts und verlassen auf dem zunächst gemächlich ansteigenden Albtalweg Bad Herrenalb. Oberhalb des Friedhofs beschreibt dieser eine lang gezogene Linkskurve. Wir lassen den Siedlungsbereich hinter uns und finden uns in der Ruhe des Albtals wieder. Beim Wegweiser ❸ **Albtaljagdhaus** wechseln wir rechts auf einen schmalen Pfad und überqueren die Alb nahe der Mündung des Kuhnsbachs. Damit ändert sich der Charakter der Wanderung. Besaß der Weg bisher keine nennenswerte Steigung, stehen auf dem 1,5 Kilometer langen Abschnitt zur ❹ **Risswasenhütte** einige Höhenmeter an.

Teufelsmühle

Über viele mystische Orte gibt es mehr als nur eine Sage. So handelt eine zweite Legende über die Teufelsmühle von einem Müller, dem die Hochwasser der Murg schwer zu schaffen machten. Als seine Mühle schließlich von allen Seiten zugleich überschwemmt wurde, rief er aus Wut den Teufel an. Er solle ihm doch eine Mühle hoch oben auf dem Steinberg bauen, die stets mit der genau benötigten Menge Wasser versorgt werde. Der Teufel erfüllte seinen Wunsch, wenn er ihm denn seine Seele verschreibe. Der Müller tat dies, jedoch unter der Bedingung, dass ihm der Teufel eine voll funktionstüchtige Mühle baue, die noch vor dem ersten Hahnenschrei fertig sein solle. Der Teufel machte sich ans Werk und war schon kurz nach Mitternacht fertig. Ein wichtiger Stein aber fehlte, wie der Müller bemerkte. Also eilte der Böse davon, um sein Werk zu vollenden. Doch Sekunden, bevor er zurück war, begann ein Hahn im nahen Loffenau zu krähen und durchkreuzte die Pläne des Teufels. Aus Wut schleuderte er den letzten Stein auf die Mühle und riss alles auseinander, bis von der Mühle nur noch ein Haufen Steine übrig war.

In den Höhlen soll
der Teufel einst seine
Vorräte gelagert haben.

Teufelskammern und Großes Loch Ab Risswasen geht es über Forstwege bis zum
❺ Einstieg Großes Loch. Eine flachere Passage kommt hier wie gelegen; ermöglicht
sie es doch, nach dem ersten Anstieg der Wanderung neue Kräfte zu mobilisieren.
Die sind auch nötig. Denn vom Einstieg Großes Loch führt ein schmaler Pfad senk-
recht auf den Höhenlinien zu den Teufelskammern. Grobe Sandsteinblöcke tun weiter oben das Übrige. Fragt sich nur, wozu die Plackerei? Leider ist der Zugang zu
den Teufelskammern gesperrt. Um die markanten Auswaschungen im Sandsteinfels
zu sehen, muss man sich darüber hinwegsetzen, sich aber im Klaren sein, dass die
Abzäunung durchaus berechtigt ist. Sicherer ist es, ab dem Wegweiser »Großes
Loch« der gelben Raute ein paar Schritte Richtung Plotzsägmühle zu folgen und
sich die Teufelskammern von unten aus anzuschauen.
Nach dem Abstecher steigen wir mit der blauen Raute zum **❻ Großen Loch**. Im
Gegensatz zu den Kammern ist dieses zugänglich. Laut einer Legende hat der Teufel
einst Nahrungsmittel in der Höhle aufbewahrt. Das Große Loch wird deshalb auch
Teufelsloch genannt. Oberhalb zieht der Pfad nochmals an, ehe er an einer
❼ Bank mit schöner Aussicht mündet. Schauen wir nach rechts, schweift unser
Blick über einen Forstweg ohne nennenswerte Steigung. Leider ist es nicht unser
Weg. Um zur Teufelsmühle zu kommen, müssen wir uns links halten und nach
50 Metern scharf rechts auf den nächsten steilen Pfad wechseln. Erst wo dieser eine
weitere Forststraße kreuzt, können wir rechts zum **❽ Grenzertparkplatz** wandern.
Interessanter aber ist es, dem Pfad bis zur dritten Forststraße zu folgen und erst
dann zum Grenzertparkplatz abzubiegen.

Die Teufelsmühle Vom Parkplatz führen mehrere Wege und eine Straße bergan zum
❾ Teufelsmühleturm und zur **❿ Teufelsmühle**. Der Sage nach soll der Teufel von
Gott das Recht erhalten haben, auf dem Gipfel des Streitbergs eine Mühle zu errich-
ten und jeden Tag einen Menschen zu zersägen, solange er es schaffe, drei Säcke voll
Wasser zum Antrieb des Mühlrads unbeschadet hinaufzubringen. Erfreut baute der
Teufel seine Mühle, füllte einen Ledersack mit Wasser und trug ihn vom Krumm-

wiesenbrunnen hoch zur Mühle. Genauso machte er es mit einem zweiten. Beim dritten aber kreuzte plötzlich ein Hase seinen Weg, sodass er erschrak und stürzte. Der Sack platzte, das Wasser lief aus und er musste sein grausiges Handwerk aufgeben. Stattdessen zersägte er vor Wut Felsblöcke, die immer noch verstreut auf dem flachen Gipfel liegen.

Anschließend geht es von der Teufelsmühle zurück zum ❽ **Grenzertparkplatz** und rechts ab (gelbe Raute) zur ❾ **Steinernen Sitzbank**. Alternativ führt auch der beim Gasthaus ausgeschilderte Weg Richtung Langmartskopfhütte – dann bei Wegweiser »Langmartskopf« links ab – zur Steinernen Bank. In beiden Fällen geht es weiter über die aussichtsreiche Höhenlage zur ❿ **Hahnenfalzhütte**, wo wir den

Unser persönlicher Tipp

Die Wanderung lässt sich wunderbar mit einem Besuch in der Siebentäler Therme (Tel. 07083/925 90, www.siebentaelertherme.de) in Bad Herrenalb verbinden. Begeistert waren wir von der mit Tannenreisig ausgelegten Schwarzwaldsauna. Solche »Badehäusl« waren im 18. Jahrhundert im Schwarzwald weit verbreitet und werden in der Literatur als »Saunabad der Bauern« beschrieben. In Bad Herrenalb ist die Schwarzwaldsauna ein Kräuterdunstbad bei wohltuenden 60 Grad Celsius. Am Abend verwandelt sich das Thermalbad in eine Klangtherme. Während sich die Besucher im warmen Wasser treiben lassen, erfüllt leise Musik den Raum, und Lichteffekte lassen immer wieder neue Formen, Farben und Bilder auf und im Wasser entstehen. Auch hier sind wir uns sicher einig: Nach 38 mystischen Touren im Schwarzwald könnte ein Abschluss kaum schöner sein – verdient haben Sie es sich allemal.

Westweg kreuzen und der Beschilderung durch den Wald über »Axtloh«, »Hülsgraben« und das ⓫ **Skiheim Talwiese** zurück nach Bad Herrenalb folgen. Im Bereich der ⓬ **Hirschwinkelhütte** ist die Wegmarkierung lückenhaft. Um auf dem Wanderweg (blaue Raute) zu bleiben, wählen wir den Weg direkt links der Hütte. Nach einem letzten kurzen Anstieg führt der Weg um die Ostseite des Wurstbergs und über den Schanzenweg hinab zum Wegweiser ❷ **Am Wurstberg**. Auf den letzten Metern dieser abwechslungsreichen Runde bekommen wir so nochmals die Möglichkeit, nach der ❶ **Kiefer** zu schauen.

Kurze Pause auf der Steinernen Bank

Für jeden Tag
die richtige Tour

			⏱	👣 km	🏔	🍴	🙂	🏛	❄	☀	🌳	🚌	🚌
1	●	Eichener See	2.45 h	11 km	230 Hm	–	●	●	●	●	–	●	–
2	●	Heidenwuhr in Rickenbach	4.30–5 h	16,5 km	290 Hm	(●)	(●)	●	–	●	●	●	–
3	●	Ruine Wieladingen	2.30 h	8 km	250 Hm	●	●	●	(●)	●	●	●	●
4	●	Höllbach und Gugelturm	6–6.30 h	20 km	600 Hm	●	–	●	●	●	●	●	●
5	●	Todtmoos	4 h	13 km	470 Hm	●	●	●	(●)	●	●	●	●
6	●	Felsenweg Höchenschwand	2.30–3 h	9,3 km	270 Hm	(●)	(●)	●	(●)	●	●	●	–
7	●	Roggenbacher Schlösser	3–3.30 h	10,5 km	250 Hm	–	●	●	●	–	●	●	●
8	●	Engeschlucht	3–3.30 h	10 km	180 Hm	●	(●)	–	●	●	●	●	●
9	●	Wutachflühen	2.30–3 h	7,8 km	180 Hm	–	(●)	●	●	●	●	–	–
10	●	Münstertal	3.30 h	11 km	550 Hm	●	●	●	–	●	●	●	–
11	●	Silberberg	4–4.30 h	14 km	550 Hm	●	●	●	–	●	●	–	●
12	●	Mathisleweiher	3.45–4 h	12,5 km	220 Hm	●	●	●	●	●	●	●	●
13	●	Ravennaschlucht	3 h	7 km	400 Hm	●	●	●	(●)	–	●	●	–
14	●	Heiligenbrunnen	4.30–5 h	15,5 km	400 Hm	●	●	●	(●)	●	●	–	–
15	●	Ibental	3.30–4 h	11,2 km	420 Hm	●	●	●	(●)	●	●	–	●
16	●	Balzer Herrgott	4.30–5 h	13,5 km	620 Hm	●	●	●	–	●	●	●	●
17	●	Blindensee	2.30 h	8 km	120 Hm	●	●	●	●	●	–	(●)	–
18	●	Huberfelsen und Karlstein	5–5.30 h	17,5 km	530 Hm	●	(●)	●	●	●	●	●	●
19	●	Felsenweg Hornberg	5–5.30 h	17 km	670 Hm	●	–	●	●	●	–	●	●
20	●	Haslach im Kinzigtal	3.30–4 h	11 km	370 Hm	●	●	●	(●)	●	●	●	●

			⊘	🥾 km	⛰	🍴	☺	🏛	❄	☀	🌳	🚌	🚊
21	●	Hohengeroldseck	3.30–4 h	11 km	450 Hm	●	●	●	●	●	–	●	–
22	●	Bermersbach	2.30–3 h	7 km	300 Hm	–	●	–	●	●	–	–	–
23	●	Nordrach	4.30–5 h	14 km	630 Hm	●	●	●	–	●	●	●	–
24	●	St. Roman	4.30–5 h	14,5 km	500 Hm	●	●	●	–	●	●	–	–
25	●	Schenkenzell	4–5 h	17 km	580 Hm	●	(●)	●	●	●	–	●	●
26	●	Glaswaldsee	3.30–4 h	11,5 km	430 Hm	–	●	●	(●)	●	●	–	–
27	●	Großvatertanne	2–2.30 h	7 km	130 Hm	●	●	●	●	●	●	●	(●)
28	●	Allerheiligen-Wasserfälle	1.30–2 h	4,7 km	360 Hm	●	●	●	●	●	–	–	–
29	●	Karlsruher Grat	4–4.30 h	10,5 km	550 Hm	●	–	●	●	●	●	●	–
30	●	Wildsee	3.30 h	8,5 km	270 Hm	●	●	●	●	●	●	●	–
31	●	Sasbachwalden	2–2.30 h	5 km	270 Hm	●	●	●	●	●	●	●	–
32	●	Hornisgrinde und Mummelsee	1.30 h	4,5 km	140 Hm	●	●	●	●	●	●	●	–
33	●	Priorstein	5.30 h	18,5 km	600 Hm	–	–	●	●	●	●	●	–
34	●	Schönmünzach-Schwarzenberg	5–5.30 h	18 km	570 Hm	●	–	●	–	●	●	●	●
35	●	Herrenwieser See und mehr	2.45–3.15 h	10 km	325 Hm	–	●	●	(●)	●	●	●	–
36	●	Bad Teinach-Zavelstein	3–3.40 h	11 km	400 Hm	(●)	●	●	●	●	●	●	–
37	●	Ebersteinburg-Rundweg	3.30–4 h	11 km	530 Hm	●	●	●	●	●	●	●	–
38	●	Die Teufelsmühle	5–5.30 h	16 km	680 Hm	●	(●)	●	●	●	●	●	●

Piktogramme erleichtern den Überblick

⊘ Gehzeit	🍴 Einkehr	❄ wintergeeignet	🚌 mit Bus
🥾 Länge	☺ kindergeeignet	☀ viel Sonne	🚊 mit Bahn
⛰ Höhenunterschied	🏛 Sehenswürdigkeit	🌳 schattiger Weg	

PS:

Bei der Recherche zu den Mystischen Pfaden haben wir den Schwarzwald von einer Seite entdeckt, von der wir schon eine gewisse Ahnung
hatten. Bei der Spurensuche waren wir jedoch von zwei Sachen überrascht: zum einen, wie dicht sich das Netz aus Erzählungen und Überlieferungen über den gesamten Schwarzwald erstreckt. Zum anderen
aber auch, dass teilweise nahezu identische Sagen an ganz unterschied-
lichen Orten auftauchen.

Ein Netz für den Schwarzwald

Während in der modernen Zeit alles miteinander vernetzt wird,
zeigen uns die Geschichten, dass solche Netze schon im Mittelalter
in der Vorstellung der Menschen existierten. So glaubten die Bewohner
im Schwarzwald, dass alle Seen über ein weitverzweigtes Höhlensystem
und über einen unterirdischen Ozean miteinander verbunden seien.
Bestärkt wurde diese Vorstellung durch die Karseen. Ihr dunkles
Wasser schluckt jeden Sonnenstrahl, kaum dass er die Seeoberfläche
durchbrochen hat. Der unsichtbare Seeboden wird damit zum Nährboden der Fantasie.

Ein Stein ist ... ein Stein?

Daneben beschäftigten auch alte Gemäuer, markante Felsformationen
und Versteinerungen die Fantasie der Menschen. Teilweise sind die
Geschichten dazu getreu dem Motto: »Solange es keine bessere Er-
klärung gibt, nehmen wir die, die uns plausibel erscheint« entstanden.
Natürlich lässt sich heute (fast) alles rational erklären. Lässt man sich
aber erst einmal auf die Mystik und die Sagenwelt ein, so fallen einem
selbst schaurig-schöne Geschichten zu naturgegebenen Besonderheiten
ein. Damit entspringen unserer eigenen Fantasie neue Geschichten und
Erzählungen, die später vielleicht selbst als Sagen und Legenden weitergegeben werden.

Annette und Lars Freudenthal

154

Der Bohlenweg zum Blindensee ist auch bei Schnee oft noch gut zu begehen (Tour 17).

Nebel taucht die Wälder oberhalb
von Oberprechtal in ein mystisches Licht.

Register

Agnesruhe 108f.
Alb 148f.
Allerheiligen-Wasserfälle 112ff.
Alt-Eberstein 145

Bachheim 40
Bad Teinach-Zavelstein 140ff.
Baden-Baden 144
Badener Höhe 136
Baiersbronn 128, 130, 132, 135
Baldenweger Buck 51
Balzer Herrgott 64ff.
Baschihof-Kapelle 54
Battert 144ff.
Berghotel Mummelsee 126f.
Bermersbach 88f.
Bernauer Kreuz 49
Bertaquelle 77
Biberach 84
Bischenberg 125
Bismarckturm 127
Blindenhöhe 69
Blindensee 68f.
Blindsee 132f.
Breitnau 54
Bundesleistungszentrum
    Herzogenhorn 48
Burg Alt-Eberstein 145f
Burg Zavelstein 141
Burgmühle 41
Bussemer Stein 138

Darmstädter Hütte 123
Dinkelberg 20f., 23
Dorf am Himmel 36
Dreifürstenstein 127

Edelfrauengrab 116
Ehrenmal des Schwarzwaldver-
    eins 114
Eichener See 20ff.
Eichhaldenfirst 116, 118
Elztal 73
Engeschlucht 40f.
Engelschwand 32
Engelsgraben 92
Engelskanzel 115, 144, 147

Erdmannshöhle 21, 23
Erzbachtal 84
Eselfuß 36
Euting, Dr. Julius 121
Eutinggrab 121

Feierabendfelsen 77
Feuerlehne 130
Flößerpfad 98, 101
Frauenbrunnen 62
Freudenstadt 108f., 111f., 130
Friedrichshöhe 110
Fritz-Laufer-Brunnen 110

Gaishöllwasserfälle 124
Gauchachschlucht 41
Gengenbach 88f.
Geroldseck 84f.
Gesundbrunnen 76, 79
Glaswaldsee 102ff.
Glockenführe 49
Görwihl 30f., 32
Gottschlägbach 116
Grenzertparkplatz 150f.
Großer Hansjakobweg 80, 90
Großes Loch 150
Großvatertanne 108ff.
Gugelturm 30ff.
Gutachtal 76, 78f.
Gütenbach 64f., 67

Hahnenfalzhütte 151

Hansjakob, Heinrich 11, 80, 82,
    84
Hasel 20, 23
Haslach 80f.
Hauensteiner Landletze 27
Hauensteiner Murg 28
Hebelhof 48
Heidenstein 90, 93
Heidenwuhr 24ff.
Heiligenbrunnen 54ff., 81
Herrenalb 148f., 151
Herrenschrofen 118
Herrenwies 136ff., 139
Herrenwieser See 136ff.

Herzog-Friedrich-Turm 110
Herzogenhorn 48f.
Heubach 95
Hexenlochmühle 66
Hinterzarten 50f.
Höchenschwand 36f., 141
Hochkopfhaus Auerhahn 34
Hochrhein-Höhenweg 25
Hofgut Sternen 52f.
Hohengeroldseck 84ff.
Höllbachtal 30
Höllbachwasserfall 30f.
Höllentalbahn 52
Höllsteig 52
Hornberg 76ff.
Hornisgrinde 126f.
Hornisgrindeturm 127
Hotzenwald 24, 26, 28, 30f., 32f.
Hotzenwaldquerweg 23, 30f.,
    32f.
Huberfelsen 72f.
Hühneköpfle 88f.
Huzenbacher See 128, 130f., 138

Ibental 60, 62
Inselwirtskeller 40

Kahlhiebbrunnen 77
Kaiserwacht 53
Kanadiersteg 40
Kandelhöhenweg 85, 87, 91
Karlsruher Grat 116ff.
Karlstein 72f., 75
Katzenkopf 90, 127
Katzenstein 90f.
Kiemenfußkrebs 22
Kinzig 82, 84, 87, 89, 92, 98f.
Kinzigtal 80, 84, 90, 96f., 99, 101
Kinzigtäler Jakobusweg 96, 99
Kleemisse 130f.
Kleiner Hansjakobweg 97
Klingen, Walther von 27
Klingenfelsen 27
Kloster St. Trudpert 44, 47
Kloster Wittichen 98ff.
Klosterruine Allerheiligen 112,
    114

Konradskapelle 87
Kornebene 91
Küferhäusle 68, 71

Landwassereck 72
Lauferbrunnen 110
Lebküchlerweg 34f.
Lettstädter Höhe 102, 105
Lierbachtal 114f.
Lindenberg 60ff.
Lukashütte 145
Lunzifelsen 43

Masselkopf 108, 110
Mathisleweiher 50f.
Mittelweg 36f., 96f., 101, 108, 111
Mörderloch 64, 66f.
Mühlenbach 82f.
Mülbensattel 102, 105
Mummelsee 126ff.
Mummelseeblick 127
Münstertal 44ff.
Murg 132, 134, 149
Murgleiter 130ff., 146
Murgtal 28f., 128, 135
Murgtalpfad 29

Naturfreundehaus 41, 139
    Küferhäusle 68
Naturschutzgebiet
    Krokuswiesen 140ff.
Naturschutzzentrum
    Ruhestein 120ff.
Neumagental 45
Nonnensee 104, 131
Nordrach 90ff.
Notburga 55f.

Ödenbach 54, 57
Ottenhöfen 116, 118

Pfaffenbacher Eck 91
Pfaffmühle 67
Piketfelsen 52f.
Prägbachtal 49
Prechtaler Schanze 73f.
Priorstein 128ff.

Quelle der Wiese 48
Querweg Schwarzwald-
    Kaiserstuhl-Rhein 65, 67

Rappenfelsen 78
Rasthaus Bosenstein 118
Ravennaschlucht 52
Renchtalsteig 102f., 105, 112,
    114
Reutfeld 61
Risswasenhütte 149
Roggenbacher Schlösser 38f.
Rötelbachschlucht 142
Rotweinbänkle 82f.
Ruhestein 120f., 122f.
Ruine Roggenbach 39
Ruine Schenkenburg 101
Ruine Steinegg 39
Rüttebächle 34f.
Rüttepark-Pavillon 35

Sackpfeifendobel 43
Salzlecke 96
Sandhaasdenkmal 80
Sandhaasenhütte 81, 82
Sasbachwalden 124f.
Sauschwänzlebahn 43
Schaubergwerk Teufelsgrund
    46
Schenkenzell 98f., 100f.
Schiltach 99, 101
Schloss Hohenbaden 146f.
Schlossfelsen 76ff.
Schluchtensteig 40f., 42f.
Schneiderhofkapelle 63
Schöllkopf 110
Schönmünzach-Schwarzenberg
    132ff.
Schönwald 70
Schurmsee 132ff.
Schurmseehöhe 134f.
Schwarzatal 37.
Schwarzenbachstausee 137f.
Schwärzlehofkapelle 63
Schwarzwaldbahn 76
Seekopf 120f., 138f.
Seensteig 127, 132, 134
Sexauer Hütte 102, 105
Silberberg 48f.
Skiheim Talwiese 151
Solfelsen 24
Spinnerhof 125
St. Roman 94ff.
Steinabad 38
Steinatal 38f.

Strahlbruschwasserfall 28
Straubenhöfmühle 125
Strittberg 37
Strittmatt 32f.
Stubenfelsen 141f.
Studentenfelsen 113

Teichschlucht 67
Teisenkopf 94, 96, 97, 100f.
Teufelsgrund 44ff.
Teufelskanzel 105, 147
Teufelsmühle 148ff.
Teufelsmühleturm 150
Teufelstein 94ff.
Todtmoos 34f.
Tonbach 128f., 130, 131
Trachtenmuseum 80f.

Untere Batterthütte 144, 146ff.
Unterer Flühenweg 43

Vesperstube Auerhahn 97

Waldcafé Teuchelwald 109
Waldsee 83, 102ff.
Wallfahrtskirche Maria
    Lindenberg 60f., 62f.
Wallmauer 27
Wanderheim Berghäusle 56
Wattenstein 115
Wehr-Flienken 20f.
Weißenbacher Höhe 71
Weißenbachsattel 35
Westweg 22f., 35, 49, 51, 56f.,
    70f., 73, 75, 102f., 120, 127,
    138f., 151
Wickartsmühle 28f.
Wieladingen 28f.
Wildgutach 67
Wildsee 120ff.
Wittlekofen 38f.
Wolfsschlucht 144f.
Wurstberg 149, 151
Wutach 40f., 42f.
Wutachflühen 42f.
Wutachschlucht 40

Zavelstein 140f., 142f.
Zeugenfelsen 43
Zweiseenblick 138
Zweitälersteig 67, 75

Ebenfalls erhältlich ...

ISBN 978-3-7343-1210-6

ISBN 978-3-7654-6024-1

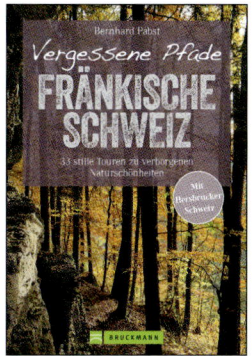

ISBN 978-3-7654-5205-5

ISBN 978-3-7654-8391-2

ISBN 978-3-7654-5275-8

ISBN 978-3-7654-6819-3

ISBN 978-3-7654-6070-8

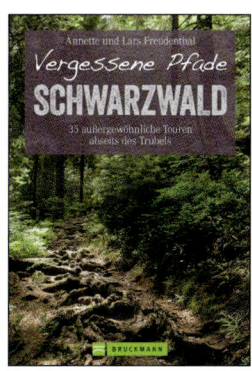

ISBN 978-3-7654-6803-2

ISBN 978-3-7343-1063-8

Impressum

Verantwortlich: Stefanie Krüger
Redaktion: Gotlind Blechschmidt
Umschlaggestaltung: ZERO Werbeagentur
Layout: BUCHFLINK Rüdiger Wagner
Repro: Cromika
Kartografie: Bruckmann Verlag GmbH, Heidi Schmalfuß
Herstellung: Stephanie Schlemmer
Printed in Slovenia by Florjancic

Sind Sie mit diesem Titel zufrieden? Dann würden wir uns über Ihre Weiterempfehlung freuen.
Erzählen Sie es im Freundeskreis, berichten Sie Ihrem Buchhändler oder bewerten Sie beim Onlinekauf.
Und wenn Sie Kritik, Korrekturen, Aktualisierungen haben, freuen wir uns über Ihre Nachricht an
Bruckmann Verlag, Postfach 40 02 09, D-80702 München oder per E-Mail an lektorat@verlagshaus.de.

Unser komplettes Programm finden Sie unter

In diesem Buch wird aus Gründen der besseren Lesbarkeit das generische Maskulinum verwendet.
Weibliche und anderweitige Geschlechteridentitäten werden dabei ausdrücklich mitgemeint, soweit es
für die Aussage erforderlich ist.

Autorenempfehlung
Sie möchten auch in anderen Gegenden Mystische Pfade entdecken? Dann empfehlen wir Ihnen die Titel
»Mystische Pfade Elsass & Vogesen« und »Mystische Pfade Schwäbische Alb«. Oder Sie werfen einen
Blick in die Zeitschrift »Bergsteiger«. Hier werden Sie bestimmt fündig.
Ihre Annette und Lars Freudenthal

Bildnachweis: Alle Aufnahmen stammen von Annette und Lars Freudenthal.
Umschlagvorderseite: Wanderweg durch einen mystischen Nebelwald bei Freudenstadt (Tour 27)
Umschlagrückseite: Der jüdische Friedhof oberhalb Nordrachs (Tour 23)

Die Deutsche Nationalbibliothek verzeichnet diese Publikation in der Deutschen Nationalbibliografie;
detaillierte bibliografische Daten sind im Internet über http://dnb.d-nb.de abrufbar.

5. aktualisierte Neuauflage
© 2021, 2020, 2018, 2016, 2014 Bruckmann Verlag GmbH, Infanteriestraße 11a, 80797 München

ISBN 978-3-7654-8264-9